DESCRIPCIONES & PRESCRIPCIONES

Una perspectiva bíblica sobre los diagnósticos
y medicamentos psiquiátricos

MICHAEL R. EMLET

Poiema Publicaciones
Medellín, Colombia

Mientras lees, comparte con otros en redes usando

#Descripciones&Prescripciones

Descripciones y prescripciones
Una perspectiva bíblica sobre los diagnósticos
y medicamentos psiquiátricos
Michael R. Emlet

Traducido del libro *Descriptions and Prescriptions: A Biblical Perspective on Psychiatric Diagnoses and Medications* © 2017 por Michael R. Emlet. Publicado por New Growth Press, Greensboro, NC 27404, U.S.A.

Poiema Publicaciones
info@poiema.co
www.poiema.co

Impreso en Colombia
ISBN: 978-1-950417-09-4
SDG

"Una obra vital para ayudarnos a aconsejar con compasión sin dejar de hablar al corazón".

— **David Barceló**, doctor en Consejería Biblica, autor de *Su gracia es mayor*

"Como cristiano, ¿te has preguntado cómo pensar acerca de las etiquetas y los medicamentos psiquiátricos? En este libro, el Dr. Michael Emlet ha provisto un enfoque cuidadoso, balanceado y bíblico a los diagnósticos y los medicamentos. Mi plan es comprar copias y darlas a muchos de nuestros miembros".

— **Deepak Reju**, pastor de Consejería Bíblica y Ministerio Familiar, Capitol Hill Baptist Church, Washington; autor de *El pastor y la consejería*

"En medio de todas las voces que compiten en nuestra cultura sobre los diagnósticos psiquiátricos y los medicamentos psicotrópicos, el Dr. Michael Emlet ha provisto un útil regalo a la iglesia. En este corto libro, encontrarás una argumentación clara y matizada sobre la sabiduría a la hora de usar o no usar descripciones y medicamentos psiquiátricos. Reconociendo la singularidad de cada situación, el Dr. Emlet te ayudará a tomar la mejor decisión en cada caso creando un marco que no será igual con cada persona. Estoy agradecida por esto".

— **Elyse Fitzpatrick**, autora de *Ídolos del corazón* y *Porque Él me ama*

"Cualquier libro que lleva como subtítulo 'Una perspectiva bíblica sobre los diagnósticos y medicamentos psiquiátricos' será enorme, complejo, inviable y altamente controversial. ¿Verdad? ¡De ninguna manera! Mike Emlet ha logrado escribir un libro corto, accesible e inmensamente práctico sobre este tema vital. Y lo ha hecho de manera razonable, balanceada y bíblica a tal grado que este libro promoverá paz y unidad en lugar de generar debate y división. Aquí hay ayuda para quienes ayudan y para quienes no tienen ayuda".

— **David Murray**, profesor de Antiguo Testamento y Teología Práctica en el Puritan Reformed Theological Seminary

"La relación entre las esferas médica y espiritual en el cuidado pastoral puede ser extremadamente compleja de navegar, especialmente para pastores sin entrenamiento médico. Por esa razón, este claro y conciso libro de Mike Emlet es muy importante. Evitando el enfoque del simple reduccionismo que niega cualquier uso de las medicinas psiquiátricas, y al mismo tiempo rechazando eliminar el componente espiritual de muchos desórdenes psiquiátricos, Mike aplica su conocimiento médico y su experiencia en el ministerio cristiano a este campo que inevitablemente se cruzará en el camino de muchos cristianos. Este es un libro pequeño, pero que debe estar en la biblioteca de todos aquellos involucrados en el cuidado pastoral".

— **Carl Trueman**, pastor, Cornerstone Presbyterian Church, Ambles, PA

"Mike Emlet ha escrito un libro equilibrado y muy necesario. A menudo caemos en posiciones extremas y tristemente terminamos haciendo daño a quienes están sufriendo. Acercarnos a quienes sufren requiere gran humildad, porque las Escrituras son claras afirmando que nosotros, hechos a la imagen de Dios, ¡ni siquiera nos entendemos realmente a nosotros mismos! Oro que este libro dé fruto de humildad y compasión en el pueblo de Dios".

— **Diane Langberg, Psicóloga**; autora de *Suffering and the Heart of God* [*El sufrimiento y el corazón de Dios*]

A quienes conozco
que han luchado con la enfermedad mental
pero que han buscado no ser definidos por ella

CONTENIDO

II. ENTENDIENDO LOS MEDICAMENTOS PSICOACTIVOS

INTRODUCCIÓN

EL PRINCIPIO DE RICITOS DE ORO

¿Qué piensas cuando alguien que conoces es diagnosticado con un desorden psiquiátrico o ha comenzado a tomar un medicamento psicoactivo? ¿Te dices a ti mismo: "Finalmente, está recibiendo la ayuda que necesita"? ¿O eres escéptico ante el diagnóstico o la solución (o ambos), y te preguntas si lo que esa persona necesita realmente es solo confiar más en Jesús?

No hacen falta muchas conversaciones en la iglesia para darse cuenta de que existe una amplia gama de perspectivas divergentes con respecto al diagnóstico y el tratamiento de los temas de la salud mental. Como muchos, puedes encontrarte en uno de dos campos. Déjame llamar a esto el principio de Ricitos de oro.* ¿Qué quiero decir?

Tú puedes ser "demasiado frío" respecto a los diagnósticos psiquiátricos. Cuando se utilizan estas etiquetas, empiezas a sospechar. Crees que esos diagnósticos son formas seculares de entender a la persona, que compiten con las categorías y

* Del cuento "Ricitos de oro y los tres osos".

soluciones bíblicas. En el mejor de los casos no piensas que puedan ayudar, y en el peor de los casos crees que son dañinos y deshumanizantes.

O tal vez eres "demasiado cálido" respecto a los diagnósticos psiquiátricos. Es posible que los adoptes como explicaciones integrales del problema de la persona. Puedes gravitar hacia soluciones médicas y reducir la relevancia de la historia bíblica para estos problemas particulares. Pero, ¿existe una tercera opción, un equilibrio entre estas dos tendencias extremas?

Del mismo modo, puede que seas "demasiado frío" respecto a los medicamentos psicoactivos. Eres extremadamente receloso sobre su uso en cualquier circunstancia. Si eres honesto, crees que los cristianos realmente no tendrían por qué tomar medicamentos psicoactivos si su fe fuera lo suficientemente robusta. Y ¿qué de esos efectos secundarios? ¿Por qué arriesgarse?

O puedes estar entre quienes son "demasiado cálidos" con respecto a los medicamentos psicoactivos. Si no hay problema con que un cristiano use Tylenol cuando tiene un dolor de cabeza, ¿por qué no podría usar un antidepresivo cuando está deprimido? Y ¿qué sobre los efectos secundarios? Invariablemente valen la pena cuando se considera el beneficio de los medicamentos. Pero, ¿existe una tercera opción, un equilibrio entre estas dos tendencias extremas?

Una de las metas de este breve libro es sacarte de cualquier extremo —demasiado frío o demasiado cálido— y guiarte hacia una perspectiva de los diagnósticos y medicamentos psiquiátricos que sea "justo la correcta". Quizá tú no tiendes a ninguno de estos extremos, pero estás buscando un marco bíblico y científico que te permita mantener esa tercera posición. Eso es exactamente lo que espero que este material logre. Quiero tomar muy en serio la ayuda que proveen las categorías y los medicamentos psiquiátricos, pero al mismo tiempo reconocer sus limitaciones.

No hay duda de que muchas personas sufren enormemente con emociones y patrones de pensamiento que les producen serias dificultades, a ellos y a sus seres queridos. La gran urgencia que tenemos es conocer y entender sus luchas de la mejor manera posible. Y entonces, habiendo entendido, saber cómo proveer ayuda compasiva y sabia de la mejor manera posible. Después de todo, estamos llamados a llevar los unos las cargas de los otros y cumplir así la ley de Cristo (Gá 6:2). Las clasificaciones de los diagnósticos psiquiátricos y los medicamentos psicoactivos proveen una manera de entender y ayudar a quienes están abrumados con estas cargas particulares. Este libro evalúa las limitaciones y los beneficios de entender y ayudar a las personas usando esos lentes.

Escribo este recurso ante todo para quienes ayudan en la iglesia: pastores, consejeros, ancianos, diáconos, quienes sirven a los jóvenes, coordinadores de ministerios de hombres y mujeres, líderes de grupos pequeños, y personas que tal vez no tengan un título formal o una descripción de trabajo ministerial pero que están activamente involucradas ministrando uno a uno a sus amigos. Ustedes están en las primeras líneas del cuidado pastoral y, sin lugar a dudas, han velado por y continuarán ministrando a personas que luchan con angustia mental, quienes son diagnosticados con desórdenes psiquiátricos y quienes están usando o tienen preguntas sobre medicamentos psicoactivos.

Si tú estás sufriendo con alguna forma de enfermedad mental y has recibido un diagnóstico, quiero asegurarme de que no tomes cualquier evaluación que hago del sistema de los diagnósticos psiquiátricos como una crítica a tu experiencia personal. Algunas personas, cuando recibieron el diagnóstico, fueron iluminados sobre su lucha y recibieron un tratamiento que fue muy necesario. Para otros personas, quizá un diagnóstico no les haya ayudado o estuvo asociado con un tratamiento poco útil. Por favor, escúchame cuando digo que mi meta es humanizar más plenamente tu lucha al apuntar a lo que los diagnósticos psiquiátricos nos dicen —y lo que no nos dicen— sobre las personas. Dios dice que tú has sido hecho de manera admirable y maravillosa (Sal 139:14) y me tomo esa interpretación de tu vida con seriedad.

Notarás que he añadido muchas notas a pie de página. Si bien es cierto que no deseo ser excesivamente técnico, pienso que es importante respaldar mis afirmaciones al tocar este tema tan complejo, y tratar los matices cuando sea necesario. Sin embargo, deseo también que este material sea útil y dé fruto en situaciones de la vida real ministerial; este libro no debería existir solamente como material de referencia. Así que siéntete con la libertad de saltarte las notas al pie de página mientras lees si eso te ayuda a mantener el flujo del argumento. Puedes volver a las notas después si estás interesado en obtener un mayor nivel de detalle.

Este recurso no tiene como propósito ser una guía exhaustiva para ayudar a quienes han sido diagnosticados con enfermedades mentales, y tampoco discutirá los enfoques multifacéticos que existen para ayudar a quienes están sufriendo de esta manera. Simplemente deseo proveer un marco bíblico básico para entender los diagnósticos psiquiátricos (Parte 1) y el uso de los medicamentos psicoactivos (Parte 2). En última instancia, deseo que este libro te ayude a pensar sabia y compasivamente sobre estas luchas de manera que puedas estar un poco más equipado para esta importante obra de consejería y de llevar las cargas de otros.

PARTE 1

ENTENDIENDO LOS DIAGNÓSTICOS PSIQUIÁTRICOS

1

EL DIAGNÓSTICO ES INEVITABLE

Todos "hacemos" diagnósticos. Todos. Interpretar —o diagnosticar— nuestra experiencia es inevitable. Parte de ser humano es clasificar, organizar e interpretar nuestro mundo. Este es un eco del hablar "organizativo" de Dios cuando creó, del caos, algo con significado (Gn 1). Cuando Dios creó, Él dio nombre: día y noche, cielos, tierra y mares. Luego, Él permitió a Adán dar nombre a las criaturas que llenaban los días y las noches, los cielos, la tierra y los mares. Aquellos creados a imagen de Dios debían "someter" la tierra en Su lugar y bajo Su autoridad (Gn 1:28). Antes de la caída, esto fue hecho en dependencia de Dios. Pero después de la caída, separados de la gracia de Dios, funcionamos como intérpretes y organizadores autónomos de nuestro mundo, sin referencia a Dios.

Cuando consideramos algunos sistemas de clasificación, no hay mucho en juego, porque no están vinculados a la manera en que entendemos a los seres humanos; por ejemplo, no es un problema clasificar la música según el género: rock, punk, clásica, jazz, country y R&B. Otros sistemas de clasificación se acercan más a nuestra identidad, tales como aquellos que marcan nuestra raza y origen étnico. Si consideramos aun otras clasificaciones nos acercamos más a nuestra naturaleza fundamental como portadores de imagen y adoradores de Dios: pecador, enfermo, víctima, opresor, adicto, adúltero, etc. El sistema de clasificación psiquiátrica usado por los profesionales de la salud en los Estados Unidos es un modelo muy importante. Cómo entendernos los unos a los otros es crucial. Cometer un error aquí resultaría, en el mejor de los casos, en malos entendidos, y en el peor de los casos, en catástrofe personal.

El psiquiatra Peter Kramer notó correctamente que, "La manera en que vemos a una persona es una función de las categorías que reconocemos—de nuestro propio sistema privado de diagnóstico".[1] Por ejemplo, digamos que después de conocer a una persona por primera vez, tú la "diagnosticas" como "extraña"; o quizá eres menos amable y la "diagnosticas" como "una persona ensimismada, un cretino insensible". ¿Qué pasaría si luego te das cuenta de que esta persona ha sido diagnosticada con un "trastorno del espectro autista"? ¿Modificarías tu perspectiva de la persona y sus acciones a la luz de este sistema de diagnóstico alternativo? Quizá en algunas maneras sí, en otras no. En cualquier caso, puedes ver cómo la naturaleza del "diagnóstico" sugiere una perspectiva particular de la persona y de las posibles respuestas a esa persona.

Queremos que nuestro sistema de clasificación corresponda a la naturaleza de la realidad. Es decir, queremos usar categorías válidas. Nadie quiere recibir un mal diagnóstico, ya sea que usemos lenguaje bíblico o secular. Queremos que las palabras y las categorías que utilizamos signifiquen algo, que sean reveladoras sobre la forma en que realmente son las cosas.

Considera esta lista de categorías de diagnóstico: enfermedad de Alzheimer, trastorno bipolar, abstinencia del alcohol, desorden pedofílico, trastorno por déficit de atención/hiperactividad, trastorno obsesivo-compulsivo, desorden de personalidad antisocial, trastorno del espectro autista y trastorno límite de la personalidad. Todos ellos son diagnósticos que se encuentran en el texto estándar de referencia psiquiátrica: el *Manual diagnóstico y estadístico de los trastornos mentales*, mejor conocido como el DSM (pos sus siglas en inglés).[2]

A la luz de lo que se ha dicho hasta este punto, es apropiado hacer varias preguntas: ¿Cómo entendemos la naturaleza de los diagnósticos psiquiátricos? ¿Qué significan estos diagnósticos? ¿Son todos igualmente válidos? ¿Es válido que los cristianos usen estas categorías seculares, y si es así, cómo? ¿Cómo deberían impactar la manera en la que ministramos a las personas que vienen a nosotros con tales diagnósticos? ¿Debemos hacernos "bilingües"? Es decir, ¿necesitamos ser capaces de utilizar tanto las categorías del DSM como las categorías bíblicas si queremos ayudar verdaderamente a otros? ¿Son las categorías de diagnóstico psiquiátrico antitéticas o están en oposición a las categorías bíblicas? ¿Son paralelas a las categorías bíblicas? ¿Coinciden de alguna manera con las categorías bíblicas?

Estas preguntas son importantes, particularmente en nuestro tiempo y lugar. El lenguaje de los diagnósticos psiquiátricos no solo es conocido dentro del mundo de la salud mental, sino que también es comúnmente usado por la población en general. Términos tales como TOC (OCD, por sus siglas en inglés), TEPT (PTSD en inglés) y el TDAH (ADHD en inglés) son parte de nuestra cultura de manera formal e informal. Así que no podemos permitirnos estar en negación con una postura desdeñosa y aislacionista. Tampoco podemos permitirnos simplemente aceptar por completo el sistema de diagnósticos psiquiátricos al pie de la letra. Necesitamos un enfoque balanceado, que sea informado bíblicamente (¡y científicamente también!) que no sea tan cálidamente inclusivo ni tan fríamente desdeñoso. Encontrar este equilibrio es importante. Esta no es solamente una discusión académica dentro de los muros de las instituciones de entrenamiento para pastores, consejeros, psiquiatras y otros médicos. Considera lo que podría suceder cuando te mueves hacia los extremos que mencioné en la introducción.

Digamos que eres "demasiado cálido" hacia los diagnósticos psiquiátricos. ¿Cómo se vería eso en la práctica si una persona que recientemente fue diagnosticada con trastorno bipolar llega a tu iglesia o grupo pequeño? Puede que eso suponga poner énfasis en el cuidado médico excluyendo el cuidado pastoral, porque los médicos (psiquiatras) son vistos como los expertos en este asunto. Puede llevarte a pasar por alto categorías y temas bíblicos más generales que sirven para entender y ayudar a la persona; incluyendo identificar y abordar asuntos como el sufrimiento, la vergüenza, la culpa, el pecado y la responsabilidad. En conclusión: apuntarás a soluciones incompletas. Perderás oportunidades de ministerio. Tu acercamiento a la persona se verá truncado.

¿Y qué si eres "demasiado frío" respecto a los diagnósticos psiquiátricos? ¿Cómo se vería esa postura en la práctica con una persona diagnosticada con trastorno bipolar? Quizá tengas una postura escéptica, anti-psiquiátrica, que es poco amable con la persona de manera que impide la construcción de una relación. Estarás más inclinado a ver sus problemas solamente como pecado —algo que él hace— en lugar de verlos como un sufrimiento o debilidad que debe enfrentar. Quizá ignores componentes físicos que potencialmente pueden ayudar al cuidado integral de la persona, incluyendo los medicamentos. En conclusión: apuntarás a soluciones incompletas. Perderás oportunidades de ministerio. Tu acercamiento a la persona se verá truncado.

¿Ves que hay mucho en juego? Quiero que nos alejemos de estas dos tendencias hacia un punto medio más sabio. Para eso, necesitamos examinar más cuidadosamente la naturaleza de los diagnósticos psiquiátricos.

La meta final aquí no es menospreciar ni vindicar el sistema de diagnósticos psiquiátricos, sino *ayudar* a quienes luchan con pensamientos, emociones y comportamientos trastornados. Debemos estar abiertos a esa ayuda en la medida en que usar la terminología psiquiátrica pueda ayudar a alcanzar esa meta. Debemos ofrecer una crítica sabia y con gracia en la medida en que usar la terminología psiquiátrica obstaculice alcanzar esa meta. En ambos casos, lo que debe permanecer como el fundamento de la manera en que ministramos es un enfoque centrado en el evangelio lleno de rico consejo bíblico.

En la primera parte de este libro examinaremos cómo los problemas psiquiátricos son diagnosticados. Luego veremos que el sistema actual de diagnósticos es un fenómeno relativamente reciente mientras consideramos una breve historia de la psiquiatría del siglo XX. Estas consideraciones nos prepararán para entender tanto las limitaciones como los beneficios potenciales de los diagnósticos psiquiátricos en el contexto del ministerio.

2

¿CÓMO SON DIAGNOSTICADOS LOS PROBLEMAS PSIQUIÁTRICOS?

Comencemos considerando cómo son diagnosticados los problemas psiquiátricos. Analiza esta afirmación:

> La línea de demarcación entre la cordura y la locura, como la que hay entre la salud y la enfermedad, es a veces tan nebulosa que llega a ser extremadamente difícil de decidir dónde comienza una y termina la otra. ¿No es de maravillarse, entonces, que surjan diferencias de opinión en este punto, particularmente cuando se plantea la pregunta sobre la responsabilidad?[1]

Sorprendentemente, esta cita no proviene de una columna de opinión de *The New York Times,* ¡sino de *The Journal of the American Medical Association* (*JAMA*) [*Revista de la Asociación Médica Americana*] en 1904! Más de cien años después, los psiquiatras todavía luchan con el dilema: ¿Cómo diferenciamos entre quién está mentalmente bien y quién está mentalmente enfermo?

Los diagnósticos psiquiátricos que hoy se encuentran en el *DSM* consisten en la agrupación de los síntomas (reportados por el paciente) y los signos (observados por el médico). Consideremos un ejemplo médico sencillo: Un paciente reporta *síntomas* de secreción nasal, dolor de garganta, tos y dolor en el oído derecho. En un examen físico, el médico nota los siguientes *signos*: fiebre leve (38.22 °C), emisión sin color de la nariz, garganta enrojecida levemente sin exudado (pus) y el tímpano del oído derecho rojo e inmóvil. Basándose en su juicio clínico, el médico considera estos síntomas y signos, y hace el diganóstico: infección respiratoria superior con una otitis media derecha (infección de oído). Un psiquiatra lleva a cabo una evaluación para dar un diagnóstico de la misma manera. Sin duda, es más difícil evaluar y verificar los síntomas y signos de trastornos del estado mental, pero sería un error asumir que todo lo que importa en un diagnóstico psiquiátrico es lo que el paciente te dice.

Los profesionales de la salud mental usan el *DSM* como su recurso definitivo para describir, categorizar y diagnosticar trastornos mentales. El enfoque central del *DSM* es que —subyacente a los síntomas y signos— se encuentra un algo mayor, un diagnóstico específico que reúne lo que la persona manifiesta de una manera válida y significativa.

La Asosiación Estadounidense de Psiquiatría (APA, por sus siglas en inglés) considera que un "trastorno mental" es:

> Un síndrome caracterizado por una alteración clínicamente significativa del estado cognitivo, la regulación emocional o el comportamiento del individuo que refleja

> una disfunción de los procesos psicológicos, biológicos o del desarrollo que subyacen en su función mental. Habitualmente, los trastornos mentales van asociados a un estrés significativo o a discapacidad, ya sea social, laboral o de otras actividades importantes. Una respuesta predecible o culturalmente aceptable ante un estrés usual o una pérdida, tal como la muerte de un ser querido, no constituye un trastorno mental. Los comportamientos socialmente anómalos (ya sean políticos, religiosos o sexuales) y los conflictos existentes principalmente entre el individuo y la sociedad no son trastornos mentales, salvo que la anomalía o el conflicto se deba a una disfunción del individuo como las descritas anteriormente.[2]

Nota el énfasis en el estrés, la discapacidad y la anomalía. También nota las categorías cognitivas, emocionales y de comportamiento, las cuales según las Escrituras son todas ellas un reflejo de nuestas vidas morales-espirituales delante de Dios.[3] Estas ideas generales son desarrolladas en los detalles de cada diagnóstico. Por ahora, es importante reconocer que no existen análisis de laboratorio o estudios radiológicos (p. ej., tomografía computarizada o CT *scan*, tomografía por emisión de positrones o PET *scan* o imagen por resonancia magnética—MRI *scan*) que sean generalmente medios usados para llegar a un diagnóstico. Para la gran mayoría de diagnósticos psiquiátricos, el reporte del mismo paciente sobre sus síntomas y las observaciones del psiquiatra sobre la persona son el fundamento sobre el cual se edifica el diagnóstico.

Una excepción, por supuesto, sería un análisis de laboratorio (sangre, orina) que confirmara (por ejemplo) la presencia de marihuana como forma de llegar al diagnóstico del *DSM* "intoxicación por cannabis", así como se haría en casos relacionados con otros abusos de sustancias. Otra excepción sería el diagnóstico del *DSM* de la narcolepsia, el cual tiene un análisis de deficiencia de hipocretina como parte de sus criterios.[4] Las investigaciones adicionales que estudian la utilidad de otros exámenes para los diagnósticos particulares continúan, pero esos exámenes no son usados actualmente para diagnosticar de manera oficial.

3

¿CÓMO LLEGAMOS HASTA AQUÍ? UNA BREVE HISTORIA DE LOS DIAGNÓSTICOS PSIQUIÁTRICOS

El hecho de que el *DSM* haya tenido cinco ediciones importantes nos dice que no llegamos aquí de la noche a la mañana. La evolución del sistema de diagnóstico psiquiátrico ocurrió con el paso del tiempo, pero en un periodo de tiempo relativamente corto. Para entender la naturaleza de los diagnósticos psiquiátricos modernos, hemos de entender la batalla entre dos ideologías dentro de la psiquiatría: la psiquiatría psicodinámica y la psiquiatría biológica (descriptiva).[1] Un breve recorrido por el campo de batalla nos ayudará a apreciar lo que sucedió entre el año 1952, cuando se publicó el *DSM-I*, y el año 2013, cuando se presentó el *DSM-5*.

Antes del siglo XX, cuando se hablaba de salud mental, solamente existían unas pocas categorías de diagnóstico. Solamente los más severamente afligidos eran considerados enfermos mentales; ellos manifestaban los equivalentes modernos de la esquizofrenia o el trastorno bipolar (enfermedad maníaco depresiva) y generalmente eran internados en hospitales psiquiátricos. El *sine qua non* de la enfermedad mental era la presencia de psicosis, una desconexión con la realidad acompañada de alucinaciones (experiencias sensoriales no compartidas por otros), delirios (creencias irracionales fijas), o ambas. La melancolía (depresión severa) también era una aflicción reconocida ampliamente.

La psiquiatría psicodinámica tuvo sus orígenes con Freud a principios del siglo XX, y vino a ser la voz dominante de la psiquiatría estadounidense entre las décadas de 1950 y 1970. El enfoque psicodinámico favoreció una visión de espectro de la enfermedad mental, diciendo que toda enfermedad mental existe dentro de un espectro entre lo normal y lo anormal. Como Karl Menninger dijo, "En lugar de poner tanto énfasis en los diferentes tipos y cuadros clínicos de la enfermedad, proponemos pensar en todas las formas de enfermedad mental como siendo esencialmente las mismas en cualidad y difiriendo en cantidad".[2] De manera que, de acuerdo con este concepto, la esquizofrenia sería una forma de enfermedad mucho más severa que la "neurosis de ansiedad", pero ambos diagnósticos están en el mismo espectro. Ambos problemas tendrían su origen en la ansiedad que proviene del conflicto dentro del inconsciente del individuo, intensificado por factores sociales/ambientales.

Al usar esta orientación teórica, un creciente número de personas cayeron en la categoría de "enfermo mental" (que tienen un tipo de "neurosis").[3] La meta del tratamiento era ver más allá del síntoma y tratar su causa psicogénica (que se origina en la mente). De esta perspectiva nació el *DSM-I* (1952) y el *DSM-II* (1968). El problema es este: Si todos están en un espectro, ¿dónde trazamos la línea entre lo sano y lo no sano?

Con el paso del tiempo, el fracaso de la psiquiatría psicodinámica en diferenciar de forma fiable entre estos grupos abrió la puerta para la psiquiatría descriptiva.[4]

Los psiquiatras descriptivos generalmente tenían perspectivas orientadas por la biología respecto al origen de los problemas mentales. Esto fue alimentado, en parte, por el éxito de los antidepresivos y los antipsicóticos desarrollados a finales de la década de 1950 y en los años siguientes. El control bioquímico de los síntomas sugirió la importancia de explorar causas bioquímicas a nivel de neurotransmisión en el cerebro. Estos psiquiatras tendían a tener una perspectiva separada de la enfermedad mental. Es decir, cada enfermedad mental debería ser vista como una entidad separada, diferenciada, y no en un espectro. A diferencia de la concepción psicodinámica, los psiquiatras descriptivos vieron variación tanto cualitativa como cuantitativa entre las diferentes enfermedades mentales. Debido a que ellos vieron a una enfermedad mental como significativamente diferente de otra, llegó a ser importante desarrollar criterios más rigurosos para dar diagnósticos que diferenciaran entre los muchos problemas de pensamiento y comportamiento observados por los psiquiatras.

Con la publicación del *DSM-III* en 1980, el enfoque descriptivo triunfó. El lenguaje psicodinámico de *neurosis* y *reacción* fue marginalizado, y fueron creadas listas detalladas de síntomas e indicadores para cada entidad de diagnóstico, muchas de las cuales aparecieron por primera vez. El enfoque no fueron las causas, sino el desarrollar descripciones cada vez más detalladas para el creciente número de problemas que los psiquiatras encontraban. De hecho, el *DSM-5* incluso dice: "el diagnóstico no implica necesariamente una etiología o unas causas concretas del transtorno mental del individuo, no constituye una valoración del grado de control que éste pueda tener sobre los comportamientos quizá asociados a dicho trastorno".[5] Una de las consecuencias de centrarse en la descripción en vez de centrarse en la causalidad a la hora de diagnosticar ha sido la proliferación de diagnósticos psiquiátricos desde el *DSM-III* en adelante. Comparado con el *DSM-I*, el *DSM-IV-TR* (el predecesor del *DSM-5*) manifestó un incremento de 300 por ciento en el número de diagnósticos.[6]

A pesar de las voces divergentes dentro de la corriente principal de la psiquiatría (ver algunos ejemplos más abajo) y de las admisiones dentro del *DSM-5* respecto a la necesidad de incrementar la validez (correspondencia al mundo real)[7] en el enfoque del diagnóstico, tal parece que el sistema descriptivo actual llegó para quedarse en el futuro inmediato. Los redactores del *DSM-5* reconocen las limitaciones de un sistema descriptivo o categórico, pero en este momento no tienen una alternativa más viable basada en evidencias. Considera las siguientes citas del *DSM-5*, las cuales irónicamente muestran un movimiento pendular de vuelta hacia un modelo de "espectro" como una manera de entender los trastornos psiquiátricos (si bien este cambio ha sido producido por la evidencia biológica moderna y no por la teorización psicodinámica): "Aunque algunos trastornos mentales pueden tener límites bien definidos que conforman grupos de síntomas, la evidencia científica sitúa en la actualidad muchos cuadros, si no la mayoría, dentro de un espectro de trastornos estrechamente relacionados que comparten síntomas, factores de riesgo genéticos y ambientales, y posiblemente sustratos neurales [es decir, bases neurológicas]... *En resumen, se ha llegado a la conclusión de que los límites entre trastornos son más permeables de lo que inicialmente se percibía*".[8] Por eso, "A pesar del problema que plantean los diagnósticos categóricos [es decir, descriptivos], el comité elaborador del DSM-5 ha reconocido que proponer definiciones alternativas para la mayoría de los trastornos es algo prematuro desde el punto de vista científico".[9]

He examinado cómo los problemas psiquiátricos son diagnosticados y he analizado brevemente la historia de la psiquiatría estadounidense. Ahora, consideremos el sistema de diagnóstico psiquiátrico con más profundidad. Hay una serie de problemas con el sistema actual de diagnóstico psiquiátrico que muchos, incluso dentro de la comunidad psiquiátrica, han identificado. Esto nos ayudará en los siguientes capítulos a evaluar mejor tanto las limitaciones como los beneficios de las categorías psiquiátricas en el contexto del ministerio interpersonal.

4

LOS PROBLEMAS Y PELIGROS DE LOS DIAGNÓSTICOS PSIQUIÁTRICOS: DESCRIPCIONES, NO EXPLICACIONES

El primer punto a abordar es este: *Los diagnósticos psiquiátricos son descripciones, no explicaciones.* Los diagnósticos psiquiátricos son descripciones de los pensamientos, emociones y comportamientos, no son explicaciones de ellos.[1] Ellos te dirán *qué* pero no *por qué*. Dedicaré la mayor parte del tiempo discutiendo esta limitación en particular.

Permíteme usar un problema no psiquiátrico para mostrarte por qué esta distinción es tan importante. Dale un vistazo a estas manifestaciones de un problema común, uno con el que todos hemos luchado:

- Rostro enrojecido
- Venas protuberantes en la frente
- Ceño fruncido

- Voz fuerte
- Palabras que lastiman
- Puños apretados
- Pies dando pisotones

¿Qué describe esto? Enojo, ¡por supuesto! ¿Cómo puedes saber si alguien está enojado? La persona generalmente manifiesta alguna combinación de las características mencionadas anteriormente. ¡Es algo bueno reconocer de forma confiable que alguien está enojado! Esto *definitivamente* impacta la manera en la que te diriges a la persona.

Pero qué sucedería si tú me observas manifestando esos "síntomas", concluyes correctamente que estoy enojado, y me preguntas: "¿Por qué estás tan enojado?". Y yo te respondo: "Estoy enojado porque mi rostro está enrojecido, tengo el ceño fruncido, y estoy gritando". ¿Respondería eso a tu pregunta? ¡No! (¡Ahora tú te enojarías por mi respuesta!). Esa lista de síntomas —el rostro enrojecido, el ceño fruncido, los gritos— es una forma de describir el enojo de manera detallada, pero no dice nada sobre *por qué* estoy enojado. El "enojo" es un resumen de una sola palabra que se elabora en los detalles de la lista de síntomas, pero diagnosticarme con "enojo" basado en la presencia de esos síntomas no le dice a nadie *por qué* estoy enojado. Ahora bien, ¿cómo nos ayuda esta ilustración sobre el enojo a entender la manera en la que funcionan los diagnósticos psiquiátricos?

Como ejemplo, veamos en detalle el criterio de diagnóstico para la fobia social, mejor conocida como trastorno de ansiedad social:[2]

- Miedo o ansiedad intensa en una o más situaciones sociales en las que el individuo está expuesto a una posible evaluación por parte de otras personas. Algunos ejemplos son las interacciones sociales (p. ej., mantener una conversación, reunirse con personas extrañas), ser observado (p. ej., comiendo o bebiendo) y realizar una actividad delante de otras personas (p. ej., dar una charla).
- El individuo tiene miedo de actuar de cierta manera o de mostrar síntomas de ansiedad que se valoren negativamente (es decir, que lo humillen o avergüencen, que lleven al rechazo o que ofendan a otros).
- Las situaciones sociales casi siempre provocan miedo o ansiedad.
- Las situaciones sociales se evitan o resisten con miedo o ansiedad intensa.
- El miedo o la ansiedad son desproporcionados a la amenaza real planteada por la situación social y el contexto sociocultural.
- El miedo, la ansiedad o la evitación es persistente, y dura típicamente seis meses o más.
- El miedo, la ansiedad o la evitación causa malestar clínicamente significativo o deterioro en lo social, laboral o en otras áreas importantes del funcionamiento. [Este criterio, que el problema debe interferir significativamente con la vida, es común en todos los diagnósticos psiquiátricos. Esta es una razón por la cual, aunque muchos de nosotros podemos identificarnos hasta cierto grado con estos síntomas, no llegan al nivel de un diagnóstico específico, porque no controlan la vida. Esto también debería servir como una protección contra el diagnóstico excesivo].

- El miedo, la ansiedad o la evitación no se pueden atribuir a los efectos fisiológicos de una sustancia (p. ej., una droga, un medicamento) ni a otra afección médica. [Este también es un criterio común en los diagnósticos en el *DSM*. Por ejemplo, si estabas bien hasta que comenzaste a usar un medicamento nuevo para la presión sanguínea y ahora estás experimentando síntomas de ansiedad social extrema, no serías diagnosticado con un trastorno mental; en su lugar, serías evaluado como alguien que sufre de efectos secundarios. La solución sería suspender la nueva medicina bajo la supervisión de tu médico para ver qué sucede].
- El miedo, la ansiedad o la evitación no se explican mejor por los síntomas de otro trastorno mental, como el trastorno de pánico, el trastorno dismórfico corporal o un trastorno del espectro autista. [Este criterio simplemente significa que los síntomas de la persona no encajan mejor en otra categoría de diagnóstico].
- Si existe otra enfermedad (p. ej., enfermedad de Parkinson, obesidad, desfiguración debida a quemaduras o lesiones), el miedo, la ansiedad o la evitación deben estar claramente no relacionados con esta o ser excesivos. [Este criterio recuerda a quien hace la evaluación que otras condiciones pueden causar (o se espera que causen) ansiedad o vergüenza en público, pero el problema no llega al nivel de trastorno de ansiedad social a menos que sea excesivo].

Observa que todos estos criterios son descriptivos. De la misma manera que vimos con el enojo, imagínate que le preguntaras a tu consejero o pastor: "¿Por qué piensas que tengo tanta ansiedad?" y él o ella te respondiera: "Porque tienes un miedo o ansiedad intensa en una o más situaciones sociales en las que estás expuesto a la posible evaluación por parte de otras personas". De nuevo, esto no es de mucha ayuda, ¿verdad? Probablemente ya has identificado apropiadamente que tienes un problema y cómo se ve, pero tu meta es entender *por qué* estás manifestando esos síntomas.

Quizá estás pensando: "Bueno, eso es obvio, pero ¿cuál es el problema? ¿Qué hay de malo en dar un nombre a un conjunto de síntomas? ¿No es esta la manera en la que generalmente el sistema de diagnóstico médico ha evolucionado históricamente, al observar síntomas y señales que tienden a ocurrir juntos, darles un nombre y entonces desarrollar planes para tratarlos?" El problema es este: Poner una etiqueta a un conjunto de síntomas para un asunto como la ansiedad social da la *apariencia* de una explicación precisa, pero ¿qué tipo de explicación se está ofreciendo? En nuestra cultura medicalizada e impulsada farmacológicamente, la persona promedio a menudo asume que cada identidad diagnóstica es *causada principalmente* por una disfunción clara y específica del cerebro. Pero existe muy poca evidencia para apoyar esa hipótesis. Para que no se me malentienda, me adelanto a asegurar que existe abundante investigación que, como mínimo, correlaciona (asocia) los síntomas en muchos desórdenes psiquiátricos con cambios en las imágenes cerebrales u otros marcadores bioquímicos. Pero como noté anteriormente, incluso los que redactaron el *DSM* no consideran esta evidencia suficiente como para ser la base de un diagnóstico en la actualidad.

Al mismo tiempo, los investigadores en el Instituto Nacional de Salud Mental (NIMH, por sus siglas en inglés) están trabajando en desarrollar un sistema de clasificación que esté completamente basado en evidencias, fundamentado en la premisa de que "los trastornos mentales son trastornos biológicos que involucran circuitos del cerebro que implican esferas específicas de cognición, emoción y comportamiento".[3] (Nota la diferencia en la definición de trastorno mental del *DSM-5* que mencioné antes). Ellos continúan diciendo: "En resumen, el NIMH está tratando de encontrar un nuevo sistema de categorización que tenga más en cuenta la biología, la genética, los circuitos cerebrales y la neuroquímica que hemos descubierto en las últimas tres décadas de investigación que es cada vez más relevante para comprender los trastornos mentales".[4]

¿Qué deberíamos pensar sobre esto? El uso de "marcadores biológicos" para diagnosticar consistentemente los desórdenes psiquiátricos está probablemente a años de distancia y de todos modos no resolverá muchas preguntas sobre las causas y los tratamientos. Por ejemplo, ¿por qué existen muchas formas de consejería (especialmente se estudian las terapias de tipo cognitivo-conductual) asociadas con mejoras significativas en estos "trastornos biológicos", declarados así por el NIMH? ¿Cómo "funciona" la consejería en comparación con los medicamentos? Incluso si ciertos marcadores biológicos están presentes en trastornos particulares, es improbable que hayamos entendido todos los factores que conducen al problema.

Incluso con los problemas psiquiátricos que se presentan en familias, tienen imágenes cerebrales que se correlacionan consistentemente, un curso y una respuesta predecible a tratamientos específicos (como la esquizofrenia), debemos reconocer la interacción compleja de múltiples factores —físicos, espirituales, relacionales, situacionales y culturales— que se combinan de maneras causales para un individuo. Tomar en cuenta todos estos factores es crucial para proveer el mejor cuidado para las personas que sufren.

Considera la analogía con otros problemas médicos. Esta asociación compleja de múltiples factores existe para muchas, sino es que para la mayoría, de las enfermedades médicas que tienen una causa biológica establecida claramente. Por ejemplo, existen fuertes factores genéticos para la hipertensión (presión arterial alta), pero las decisiones de estilo de vida, incluyendo la dieta y el ejercicio físico, juegan un rol determinante en el hecho de que alguien desarrolle la hipertensión.

En determinada persona, uno o más factores pueden predominar. En alguien donde los factores biológicos predominan, una persona puede tener presión arterial alta y requerir medicamentos incluso si sus decisiones de estilo de vida diario son mantener una dieta y un peso saludables, bajo consumo de sal y ejercicio regular. Otros sin historia familiar de hipertensión pero que coman en exceso, consuman muchos alimentos salados y procesados y no hagan ejercicio, pueden ser diagnosticados con presión arterial alta también. Si esta complejidad es verdadera cuando se trata de problemas médicos bien estudiados, ¿cuánto más cuidadosos hemos de ser al asignar una causa dominante a los trastornos psiquiátricos?

No obstante, esta suposición de una raíz biológica como causa es ampliamente aceptada en nuestra cultura y es impulsada en parte por la publicidad farmacéutica. Considera, como un ejemplo, el texto de una publicidad para el medicamento Sertralina (Zoloft), el cual está aprobado para tratar la fobia social:

> La ansiedad social puede ser abrumadora. Puedes temblar, sudar o sentirte lleno de pánico. Puedes sentirte avergonzado cuando estás en un grupo. Puedes preocuparte de que estás siendo juzgado. Te sientes tan aislado.

> Estos son algunos signos del trastorno de ansiedad social. Es una condición médica real que puede estorbar tu vida diaria. La causa no es conocida. Pero puede suceder cuando la neuroquímica del cerebro está desequilibrada. La prescripción de Zoloft funciona para corregir este desequilibrio.[5]

Pese a algunas ambigüedades internas de la publicidad —"es una condición médica real" pero "la causa no es conocida"—, esta capta bien la experiencia de quien sufre y sugiere que la causa y la cura del padecimiento son biológicas. La suposición de que la mayoría de los problemas psiquiátricos tienen una causa final biológica está plasmada en nuestra cultura, aunque no es vista como contundente en la psiquiatría académica y orientada a la investigación, la cual tiene una perspectiva con matices mucho mayores que incluyen tanto lo innato como lo adquirido.

Incluso la manera en que usamos los términos en una conversación hace suposiciones sutiles. Nota la diferencia entre decir "Yo lucho con ansiedad en situaciones sociales" y decir "Tengo un trastorno de ansiedad social". La frase posterior *sugiere* una causa biológica subyacente, algún tipo de enfermedad cerebral que es el origen último de este problema. Sin embargo, como noté anteriormente, no existe un "examen" científico —como una prueba de sangre o una imagen cerebral— que muestre patrones fiables y reproducibles que sean usados para hacer un diagnóstico psiquiátrico.

Para ser justo, incluso en la medicina general existen diagnósticos, tales como la migraña, de los cuales no conocemos aún la(s) causa(s) última(s), sin embargo aún aceptamos el diagnóstico —¡es un problema real!— y animamos a que se reciba un tratamiento con base en el diagnóstico, sabiendo que necesitamos continuar investigando. De nuevo, así es como la ciencia médica progresa. La enfermedad llamada úlcera péptica (úlceras en el estómago o en la primera parte del intestino) es un buen ejemplo de cómo la evolución del entendimiento de causalidad ha resultado en un tratamiento más preciso. Sabemos ahora que subyacente a muchas úlceras está una infección causada por la bacteria *Helicobacter pylori*. Así que ahora el tratamiento se basa, no solo en las medicinas comunes para reducir el ácido estomacal, sino también en los antibióticos para tratar la infección. Sin embargo, fue útil tener la categoría "enfermedad de úlcera péptica" y los criterios de tratamiento común asociados a la enfermedad incluso antes de que el agente bacteriano ofensivo fuera descubierto. Asimismo, no deberíamos apresuradamente desestimar categorías de diagnóstico considerándolas inútiles simplemente porque la ciencia médica no ha explicado por qué, por ejemplo, la esquizofrenia, el trastorno bipolar o la ansiedad social generalmente se ven como se ven.

Pero lo que vemos en la psiquiatría es una proliferación de diagnósticos a lo largo del tiempo, como noté anteriormente. Un enfoque descriptivo basado en los síntomas fomenta la "división" en lugar de la "aglomeración" de diagnósticos.[6] Tener más categorías diagnósticas no significa que estemos "descubriendo" disfunciones específicas a nivel cerebral que lleven a esas nuevas clasificaciones. Pero —y esto es importante— la ambigüedad acerca de la causalidad no significa que la persona que lucha no esté experimentando un sufrimiento real. Él está sufriendo realmente. Ella está sufriendo realmente. Pero *sí* significa que debemos ser cuidadosos sobre lo que *asumimos* respecto a la causa o las causas del problema de la persona.

Seamos honestos acerca de lo que sabemos y de lo que no sabemos. No seamos reduccionistas y asumamos que la pieza biológica es la principal y final en el diagnóstico y tratamiento en todas las categorías de los trastornos psiquiátricos. Como fue notado anteriormente, el *DSM no* afirma saber las causas de cada una de las entidades que describe.

A la luz del honesto reconocimiento de la ignorancia del *DSM* con respecto a los "porqués" detrás de un problema en particular, puedes estar pensando: "¿No estás siendo demasiado crítico con el sistema de clasificación secular?". Curiosamente, la crítica de que el sistema de diagnóstico psiquiátrico es excesivamente descriptivo y basado en síntomas no surge simplemente de nuestro entendimiento cristiano de los seres humanos, los cuales no solo sufren sino que también son agentes morales activos. De hecho, dentro de la psiquiatría persisten debates vehementes con respecto a la naturaleza y la clasificación de la enfermedad mental. Psiquiatras y psicólogos seculares serios continúan lidiando con cómo definir y clasificar los trastornos mentales. Escucha lo que el Dr. Paul McHugh, antiguo director de psiquiatría en John Hopkins, dice:

> Debido a que el manual [el *DSM*] falla en identificar lo que subyace a la expresión sintomática de una condición, no puede sugerir principios inteligibles relacionando un trastorno con otro o aclarando por qué algunos de ellos están agrupados.[7]

Si la psiquiatría como profesión está honestamente luchando con estas preguntas fundamentales, entonces nosotros no podemos ignorarlas.

En resumen, la limitación más relevante de los diagnósticos psiquiátricos es que describen el pensamiento, la emoción y el comportamiento humanos, pero no explican por qué la persona tiene estas experiencias. Esto crea confusión y malos entendidos en el público, el cual percibe que el sistema es más definitivo de lo que en realidad es. Ahora permíteme mencionar, más brevemente, varias preocupaciones adicionales sobre el sistema de diagnóstico psiquiátrico.

5

PROBLEMAS Y PELIGROS: HACIENDO ANÓMALO LO NORMAL

Una segunda preocupación con el sistema de diagnóstico es que *los diagnósticos psiquiátricos tienen el potencial de hacer anómalo lo normal a través del diagnóstico excesivo.* Por un lado, cuando el diagnóstico del *DSM* incluye el criterio de que un problema debe causar "deterioro o malestar clínicamente significativo", esto debe proteger contra el diagnóstico excesivo. Por otro lado, la subjetividad de la frase "deterioro o malestar clínicamente significativo" y la proliferación de categorías de diagnóstico quiere decir que, con el paso del tiempo, más personas pueden quedar atrapadas en la red de un diagnóstico particular. Puedes llamar a esto el "Campo de los Sueños" de la psiquiatría: "Si podemos describirlo, tú puedes tenerlo".[1] El Dr. Allen Frances, quien fue el director del Grupo de Trabajo que creó el *DSM-IV*, lo llama "la medicalización de la vida ordinaria".[2]

Aunque su libro tiene en ocasiones un tono sensacionalista, le falta rigor científico para respaldar algunas aseveraciones, y se basa en una cosmovisión evolucionista completamente secular, Frances plantea asuntos importantes sobre el problema del diagnóstico excesivo. Su objetivo es reformar y rebalancear la psiquiatría, no degradarla como profesión:

> Salvando lo normal, según uso el término, no tiene como propósito negar el valor de los diagnósticos o el tratamiento psiquiátrico. Más bien es un esfuerzo por mantener la psiquiatría haciendo lo que hace bien dentro de sus límites apropiados. Es igualmente peligroso ir a cualquier extremo—tener un concepto en expansión de los trastornos mentales que eliminan lo normal o tener un concepto en expansión de lo normal que elimina los trastornos mentales.[3]

Esta es la ironía (al menos, en Estados Unidos): Aquellos con formas más leves (y quizás autolimitadas) de aflicción emocional están siendo cada vez más diagnosticados como enfermos mentales, y aquellos incapacitados con psicosis y otros problemas psiquiátricos severos siguen infradiagnosticados y sin recibir el tratamiento necesario, especialmente si no tienen los recursos financieros y las conexiones sociales que facilitan el cuidado médico. Esta última realidad nos recuerda que, en nuestro afán por plantear inquietudes acerca de cómo surgen los diagnósticos, debemos evitar un extremo que no reconozca cuando existe una verdadera separación del espectro de la normalidad, incluso si sigue siendo difícil definir los límites de lo "normal" (tocaremos este punto en detalle más adelante).

El problema de diagnosticar excesivamente es exacerbado por el hecho de que la mayoría de diagnósticos y tratamientos de salud mental son llevados a cabo por médicos generales, quienes pueden o no estar calificados para usar el criterio de diagnóstico existente del *DSM*. Recuerdo que años atrás, en la práctica médica, trataba de frenar el entusiasmo por diagnosticar de los residentes médicos que supervisaba. Con demasiada frecuencia ellos se emocionaban al diagnosticar todo tipo de problemas de salud mental basados en cortas entrevistas y cuestionarios de diagnóstico. Explorar los cuestionarios puede ser un primer paso muy útil para subrayar la existencia de un problema, pero es necesario tener conversaciones más a fondo para evaluar la naturaleza del problema de una persona. No es inusual que un psiquiatra pase por lo menos una hora con un paciente para hacer una evaluación inicial. Los médicos generales rara vez tienen este tiempo prolongado con un paciente. Sin embargo, los factores de tiempo y de seguros médicos deben pasar a un segundo plano para diagnosticar bien.

Adicionalmente, existe una relación simbiótica entre los diagnósticos psiquiátricos y la industria farmacéutica, lo que también es cierto para otras ramas de la medicina. La presencia de un fármaco que potencialmente podría tratar un problema puede incrementar el diagnóstico de ese problema, para bien o para mal. Peter Kramer lo explica así: "Podemos enmascarar el problema definiendo como patología los estados de ánimo cada vez menos severos, diciendo en efecto: 'Si responde a un antidepresivo, es depresión'. De por sí, me parece a mí, que los diagnósticos psiquiátricos han sido sujetos a un tipo de 'inflación de diagnóstico': la expansión de categorías para corresponder con la gama de medicamentos relevantes".[4] Este problema se intensifica con la propaganda directa al consumidor por parte de las compañías farmacéuticas, lo cual según los críticos aumenta el autodiagnóstico de los pacientes y la presión sobre los médicos para recetar medicamentos sin que haya necesidad.[5]

Quiero ser muy cuidadoso en toda esta discusión sobre diagnósticos excesivos. Colocar a alguien que técnicamente no cumple el criterio en una categoría de diagnóstico ¡no significa que esa persona no esté sufriendo! Con o sin diagnóstico, necesitamos escuchar bien las historias de las personas. Muchos aconsejados con quienes me reúno no tienen un "diagnóstico" pero legítimamente esperan que escuche sus problemas con compasión, haga buenas preguntas, les ayude a entender sus luchas desde una perspectiva bíblica y les anime a dar pasos sabios para abordar tanto el sufrimiento como el pecado en sus vidas.

Un comentario final: ¿Quién determina lo que es "normal" o "anormal" con respecto a la cognición, la emoción y el comportamiento? ¿Un grupo de médicos o psicólogos? ¿La sociedad? ¿Los individuos? En última instancia, el binario "normal/anormal" no es la única manera (o la mejor) de categorizar a las personas porque, por sí mismo, no hace referencia a la realidad de que somos portadores de la imagen de Dios y que estamos de pie ante el Dios viviente como personas conscientes y responsables (Gn 1:26-27; Ro 1; Col 3:10). Una persona sin un trastorno mental diagnosticado ("normal" de acuerdo al *DSM*) puede estar viviendo una vida alejada de Dios (y, por lo tanto, "anormal" en lo que se refiere al diseño de Dios para la humanidad). Una persona con un trastorno mental diagnosticado ("anormal" según el *DSM*) puede estar viviendo una vida orientada hacia Dios ("normal" en lo que se refiere al diseño de Dios para la humanidad). Esto nos lleva al siguiente problema o limitación con el sistema de diagnóstico psiquiátrico.

6

PROBLEMAS Y PELIGROS: REDEFINIENDO EL COMPORTAMIENTO

Una tercera preocupación con el sistema de diagnósticos psiquiátricos es que *algunos diagnósticos psiquiátricos redefinen el comportamiento que la Escritura describe esencialmente como pecado*. Es decir, algunos diagnósticos psiquiátricos "medicalizan" el comportamiento pecaminoso. Hace más de veinte años, un ortodoncista de los suburbios de Filadelfia fue acusado y se declaró culpable por acariciar a una paciente adolescente. Posteriormente, él sostuvo que tenía derecho a recibir US$5,000 al mes de su compañía de seguros basado en su incapacidad para trabajar porque no podía continuar con su práctica de ortodoncia debido a un diagnóstico de lo que el *DSM-5* llama "Trastorno de frotteurismo": "Excitación sexual intensa y recurrente derivada de los tocamientos o fricción contra una persona sin su consentimiento y que se manifiesta por fantasías, deseos irrefrenables o comportamientos [tal como la masturbación]".[1]

Si bien este puede ser un ejemplo extremo, ciertos diagnósticos del *DSM-5* son fundamentalmente asuntos legales-morales transformados en enfermedades mentales. Por nombrar algunos, considera otros deseos sexuales desordenados (etiquetados como parafilias), incluyendo el vouyerismo, el exhibicionismo, la pedofilia, el sadismo, el masoquismo, y otros. O considera los "trastornos disruptivos, del control de los impulsos y de la conducta", tales como el trastorno negativista desafiante, trastorno de conducta, piromanía, cleptomanía o el "trastorno explosivo intermitente" (agresividad verbal o física recurrente). Al llamar la atención sobre estos asuntos no estoy diciendo que las personas que manifiestan estos problemas no necesiten ayuda competente y compasiva. ¡Ellos en verdad la necesitan! La redención que Jesús ofrece en efecto llega a cada rincón que el pecado afectó. Ellos *necesitan* consejería bíblica sabia. Sin embargo, deberíamos tener cuidado de que los comportamientos que ante todo son violaciones del primer y segundo mandamientos de amar a Dios y a los demás (Mt 22:34-40) no sean neutralizados, limpiados ni completamente excusados por un diagnóstico particular. Sus víctimas merecen, por lo menos, eso.

Por otra parte, la iglesia, con demasiada frecuencia, ha entendido la enfermedad mental fundamentalmente como un asunto moral (espiritual), por ejemplo, comparando la psicosis con la posesión demoníaca o considerando la depresión severa como un mero fracaso de la voluntad. Este enfoque de clasificar el sufrimiento como pecado es igualmente problemático.

De hecho, el problema de una persona puede existir en ambas áreas al mismo tiempo. Hace varios años leí la historia de un profesor casado, de cuarenta años de edad, que comenzó a acumular pornografía infantil (sumada a su hábito de acumular pornografía de adultos).[2] Él también contrató el servicio de prostitutas, lo cual nunca había hecho antes. Cuando comenzó a hacer avances sexuales hacia su hijastra, fue reportado a las autoridades y legalmente retirado del hogar. Él fue diagnosticado con pedofilia y enfrentó la decisión de o ir a la cárcel o completar satisfactoriamente un programa intrahospitalario de doce pasos para adictos sexuales. Él eligió lo último, pero después de haber comenzado, buscó favores sexuales de los compañeros que estaban participando en el mismo programa y de miembros del personal. Él fue expulsado del programa y se le ordenó presentarse para cumplir su condena en la cárcel.

La noche anterior a su encarcelamiento, se presentó en una sala de emergencias local quejándose de dolores de cabeza y con el temor de que podría abusar sexualmente de la dueña de la casa que alquilaba. Fue ingresado en la sala de psiquiatría pero después de manifestar dificultades para caminar, fue evaluado por el personal de neurología. Una resonancia magnética reveló un gran tumor en el lóbulo frontal del cerebro. La masa fue removida... y el deseo sexual compulsivo del hombre desapareció. De hecho, después de haber sido dado de alta fue capaz de completar exitosamente el programa de doce pasos. Sin embargo, varios meses después empezó una vez más a acumular pornografía infantil en secreto. Cuando esto fue descubierto, le realizaron una nueva resonancia magnética que reveló ¡un nuevo brote del tumor! El tumor fue removido quirúrgicamente una vez más, y los deseos pedófilos del hombre se desvanecieron.

¿Fue este un problema médico o espiritual? ¡Sí! ¿Era este hombre alguien en sufrimiento o en pecado? ¡Sí! ¿Era una víctima o perpetrador? ¡Sí! Por supuesto, la inmensa mayoría de los pedófilos no tienen un tumor cerebral que esté relacionado con sus deseos anormales. Este es un caso inusual. Sin lugar a duda, la presencia del tumor cerebral tenía correlación con los deseos pedófilos de *este* hombre en particular. Sin lugar a duda, parte de su cuidado holístico debería incluir seguimiento médico regular. Pero ni siquiera las autoridades seculares estuvieron dispuestas a pasar por alto los aspectos morales-legales de su problema. Él era responsable por sus acciones.

7

PROBLEMAS Y PELIGROS: LA INFLUENCIA DE LA CULTURA

Una preocupación final es que los *valores socio-culturales influencian la inclusión o exclusión de diagnósticos específicos del* DSM *e impactan la prevalencia del diagnóstico*. Como mi amigo, el psiquiatra John Applegate, ha dicho: "El *DSM* es un documento cultural. *Influencia* la sociedad y él mismo es influenciado *por* la sociedad".[1]

Considera dos ejemplos. El primero es la homosexualidad, que fue incluida en el *DSM-I* (1952) y el *DSM-II* (1968) como trastorno mental. En el *DSM-III*, publicado en 1980, ya no se incluyó como diagnóstico. Si bien estoy totalmente de acuerdo con el cambio—la homosexualidad es principalmente un asunto moral-espiritual y no una expresión de enfermedad/salud mental trastornada[2]—el cambio se produjo por razones puramente sociológicas, no científicas. El investigador de sexualidad Alfred Kinsey encuestó una numerosa población de hombres en la década de 1960 y descubrió que cerca del diez por ciento de los hombres participaron en relaciones exclusivamente homosexuales. Kinsey concluyó que cualquier conducta que sea practicada por un porcentaje tan alto de la población no debería ser considerada como una evidencia de patología, sino como una representanción de una variación normal. Las conclusiones de Kinsey ayudaron a impulsar una decisión de consenso de los principales psiquiatras para eliminar la homosexualidad como un diagnóstico.[3]

Un segundo ejemplo es el TDAH (Trastorno por déficit de atención con hiperactividad). No tengo duda de que muchos niños y adultos tienen relativas diferencias o debilidades cerebrales que hacen más difícil la atención selectiva, el mantener la concentración y el seguir una secuencia de instrucciones. Existe mucha investigación neuropsicológica que está identificando cada vez más varias deficiencias en estas habilidades. Esta es una lucha genuina para algunos niños y adultos que va más allá de la desobediencia deliberada. Por lo tanto, necesitamos enfocarnos en cada persona individualmente, sopesando las ventajas y desventajas tanto para el diagnóstico como para el uso de medicamentos.

Sin embargo, el diagnóstico y tratamiento médico del TDAH (al menos en los niños) no podría haberse proliferado en la medida en que lo ha hecho en los últimos veinte años si no fuera por un número de factores, incluyendo (1) una sociedad estadounidense que valora el desempeño y el éxito académico, y que continúa presionando estos estándares hasta en los años preescolares; (2) un sistema escolar público a menudo sobrecargado en el cual las aulas saturadas y la falta de financiación a menudo hacen imposible llevar a cabo las intervenciones conductuales y estructurales que beneficiarían a estos niños; (3) la publicidad a gran escala de los medicamentos para tratar el TDAH por parte de las compañías farmacéuticas; (4) el exceso de exposición a las pantallas en los medios digitales, lo cual puede contribuir al problema promoviendo la distracción, el cambio de atención y la gratificación instantánea.[4]

También existen diferencias transculturales en los diagnósticos que subrayan la dimensión sociológica. En un artículo titulado "Why French Kids Don't Have ADHD" ["Por qué los niños franceses no tienen TDAH"], la psicóloga Marilyn Wedge nota que mientras el nueve por ciento de los niños estadounidenses en edad escolar han sido diagnosticados y están tomando medicación, solamente el 0.5 por ciento de los niños franceses han sido diagnosticados, en gran medida debido a que los psiquiatras franceses consideran los problemas de comportamiento como algo que debe ser tratado principalmente con intervenciones sociales y relacionales.[5] El *DSM-5* sostiene, basado en encuestas de población, que "el TDAH ocurre en la mayoría de las culturas en aproximadamente el 5% de los niños y el 2,5% de los adultos". Continúa diciendo que "Las diferencias entre la prevalencia del TDAH en diferentes regiones parecen ser atribuibles principalmente a las diferentes prácticas diagnósticas y metodológicas. No obstante, también puede haber una variación cultural en las actitudes hacia los comportamientos de los niños o su interpretación".[6]

Para resumir los últimos cuatro capítulos, cuando las preocupaciones con el sistema de diagnóstico son consideradas en su conjunto, estas sugieren que los diagnósticos psiquiátricos tienen menos autoridad funcional de lo que inicialmente podríamos haber creído. Puede que el *DSM* sea el mejor sistema de clasificación secular disponible, pero continúa estando plagado de dificultades identificadas desde dentro de la misma psiquiatría. Esto nos lleva a varias implicaciones para el ministerio.

8

IMPLICACIONES PARA EL MINISTERIO

Las personas que sufren y luchan continuarán recibiendo estos diagnósticos. ¿Cómo es que las limitaciones que he descrito anteriormente impactan la manera en que aconsejas a quienes tienen esas luchas, especialmente si eres "demasiado cálido" con respecto a los diagnósticos psiquiátricos? He identificado cuatro implicaciones que debemos tener en mente cuando nos encontramos con estos diagnósticos en nuestro ministerio a otros.

La *primera implicación*, particularmente si no tienes formación en el cuidado clínico de la salud mental pero deseas proveer el cuidado y consejo pastoral necesario, es este: "Que un diagnóstico no te asuste". La iglesia moderna, en general, ha abdicado a su responsabilidad de cuidar a los individuos con diagnósticos psiquiátricos. A menudo esto se debe al temor en varios niveles. Tememos lo que es diferente. Tememos lo que no entendemos. Tememos no tener lo necesario para ayudar: "¿Qué tengo que añadir al cuidado de este complejo problema?". ¡Pero no permitas que un diagnóstico se interponga en el camino de ver a la persona completa y de proveer de la ayuda necesaria!

En la iglesia donde me congregaba hace un tiempo conocí a un hombre que sufría de esquizofrenia y paranoia. Pese al uso de múltiples medicamentos, él continuaba teniendo ataques durante los cuales escuchaba voces que le acusaban y llenaban su cabeza, diciéndole que no valía como persona y que debía quitarse la vida. ¿Cuál era su mayor necesidad? ¿Un ajuste a su medicación? Ciertamente buscar eso era importante, dada la complejidad de su tratamiento médico psicoactivo. Pero creo que su mayor necesidad durante esos momentos era la de un amigo. Un amigo que le escuchara con compasión y paciencia. Un amigo que tomara seriamente el impacto que aquellas voces humillantes y atemorizantes tenían en su cabeza. Un amigo que le recordara del favor, cuidado y presencia de Dios en su experiencia de aislamiento, confusión y soledad. Un amigo que orara por él y le leyera los Salmos. Un amigo que le señalara que, en Jesús, nada le puede separar del amor del Padre (Ro 8:38-39). Un amigo que esperara ver un beneficio tanto en lo personal como en lo colectivo al tener a este hombre como parte del Cuerpo de Cristo (1 Co 12:21-26). Tú puedes ser ese amigo. Yo puedo ser ese amigo. Y eso no necesita tener cualquier tipo de experiencia médica con la esquizofrenia (la cual, por supuesto, él también necesita). No permitas que el diagnóstico oscurezca las múltiples maneras en la que tú puedes acercarte a la persona que tienes enfrente.[1]

Una *segunda implicación* tanto para quienes luchan como para quienes ayudan es que el diagnóstico no es la identidad de quien lucha. Incluso con problemas médicos muy claros nosotros no decimos: "Yo soy diabetes" o "Yo soy cáncer".

¿Por qué pues habríamos de decir: "Yo soy bipolar" o "Yo soy psicótico" o "Yo soy obsesivo compulsivo", como si esa fuera la suma total de nuestra personalidad? La tentación es que el diagnóstico sea el sol alrededor del cual todo el resto de la vida orbita. ¡Pero las personas son maravillosamente mucho más complejas de lo que un diagnóstico pueda reflejar!

El hecho es que todos nosotros estamos en algún punto del espectro presentado en muchas de estas listas de síntomas. Así que siempre deberíamos buscar lo que tenemos en común. Debido a que los diagnósticos psiquiátricos no son entidades específicas con límites nítida y radicalmente definidos, deberíamos ser capaces de ver por lo menos un poco de nosotros en la experiencia de esa otra persona. Para la persona con el diagnóstico, esto significa que él o ella no es tan radicalmente diferente de otros, y eso disminuye el sentimiento de aislamiento y estigma. (Más adelante hablaré acerca de la necesidad de reconocer las diferencias y discontinuidades en nuestras experiencias, no solo lo que tenemos en común).

Una *tercera implicación*, relacionada con la anterior, es que el diagnóstico no es el destino. Si las descripciones "portador de la imagen de Dios", "siervo de Cristo" y "amado hijo o amada hija" son maneras más primarias y bíblicas de identificar a quienes luchan, entonces es importante mantener en mente la agenda suprema de transformación que Dios tiene para todo Su pueblo en medio de su sufrimiento y pecado. Considera solamente algunos pasajes que asombran nuestra imaginación:

- "Ningún ojo ha visto, ningún oído ha escuchado, ninguna mente humana ha concebido lo que Dios ha preparado para quienes lo aman" (1Co 2:9).

- "Por tanto, no nos desanimamos. Al contrario, aunque por fuera nos vamos desgastando, por dentro nos vamos renovando día tras día. Pues los sufrimientos ligeros y efímeros que ahora padecemos producen una gloria eterna que vale muchísimo más que todo sufrimiento. Así que no nos fijamos en lo visible, sino en lo invisible, ya que lo que se ve es pasajero, mientras que lo que no se ve es eterno" (2Co 4:16-18).
- "Estoy convencido de esto: el que comenzó tan buena obra en ustedes la irá perfeccionando hasta el día de Cristo Jesús" (Fil 1:6).
- "Queridos hermanos, ahora somos hijos de Dios, pero todavía no se ha manifestado lo que habremos de ser. Sabemos, sin embargo, que cuando Cristo venga seremos semejantes a Él, porque lo veremos tal como Él es" (1Jn 3:2).

No existen "cláusulas de excepción" para ningún creyente, y esas son excelentes noticias para cualquiera (tanto para los que ayudan como para los que luchan) que pudiera verse tentado en considerar el diagnóstico como la última palabra. La manera en que Dios describe a los creyentes y su destino es profundamente honorable, incluso cuando se nos recuerda nuestro gemir de este lado de la gloria. Una de mis aconsejadas recientemente dijo algo muy perspicaz con respecto a este punto: "Las etiquetas psiquiátricas no cuentan una historia". Lo que ella quiso decir es que las etiquetas y los diagnósticos no dan, ni pueden dar, una imagen completa de la vida de la persona, ni pueden describir dónde es que Dios está obrando.

Esto fluye naturalmente a una *cuarta implicación*: Un diagnóstico, si está presente, es uno de muchos puntos de partida para el ministerio, y ciertamente no es un punto *final*. En lugar de ser un destino, es una invitación a un viaje. La categoría de diagnóstico viene a ser un impulso para entender las experiencias de las personas tan bien como podamos, usando categorías bíblicas. Esto incluye la exploración de temores, deseos, motivaciones, su relación con Dios, sus fortalezas y debilidades físicas, sus relaciones con otros y las circunstancias de su vida... aquellos aspectos que consideraríamos al ayudar a alguien aún ante la ausencia de un diagnóstico.

Al explicar la experiencia humana, la Biblia subraya la preeminencia de nuestra disposición moral-espiritual ante Dios (es decir, el corazón; véase Lucas 6:43-45 y Mateo 15:10-20) pero al mismo tiempo nota la importancia de la debilidad o la fortaleza física, las influencias relacionales tanto buenas como malas, y las presiones o bendiciones situacionales o circunstanciales. El ministerio integral aprecia las contribuciones e interrelaciones relativas de todos estos aspectos de la experiencia humana.[2] Queremos entender tan bien a las personas y realizar un trabajo tan cuidadoso de reinterpretar sus luchas a través de los lentes bíblicos, que una etiqueta de diagnóstico puede servir solamente como una abreviación de su experiencia y no como la suma total de su experiencia.[3]

Queremos ser vigilantes y no permitir que la presencia de un diagnóstico limite nuestra visión y nos haga ciegos a otros aspectos importantes de la experiencia de la persona. Como el psicoterapeuta Irvin Yalom nota: “Una vez que hacemos un diagnóstico tenemos la tendencia de desatender selectivamente aspectos del paciente que no encajan en ese diagnóstico particular, y en consecuencia atender desmedidamente las características sutiles que parecen confirmar un diagnóstico inicial”.[4]

Así que, regresando a nuestro caso de una persona que cumple el criterio de diagnóstico de trastorno de ansiedad social, buscamos construir una relación y entender su experiencia: "Dime datos específicos de tu problema. ¿Qué situaciones provocan esta ansiedad? ¿Qué factores han contribuido a este problema? ¿Qué te ha ayudado? ¿Qué no te ha ayudado? ¿Dónde has visto a Dios actuar en medio de tus dificultades? ¿En qué áreas luchas para confiar en Dios? ¿Qué sucedería en el peor de los casos? ¿Cuándo estás animado?".

Quizá descubrirás que él era una persona levemente ansiosa que se desempeñó de manera pobre en algún momento de su vida y fue ridiculizado por eso. O que él era un gran orador que por razones inexplicables sufrió un ataque de pánico durante una de sus conferencias y ahora evita hablar por completo. O que ella creció en una familia donde sus padres fueron sobreprotectores y temerosos. Quizá descubrirás que la persona está enojada con Dios. O que en medio de la ansiedad abrumadora ella corre hacia Dios. O que él es un cocinero *gourmet* que disfruta bendecir a su familia con comida fina. O que su libro favorito es *La luz que no puedes ver*, escrito por Anthony Doerr. Sin embargo, no aprenderás ninguna de estas cosas si para ti es suficiente detenerte con el diagnóstico y verlo como el "gancho" que básicamente explica a la persona. (Por supuesto, un psiquiatra secular cuidadoso estará también atento a muchos de estos factores, aunque no esté atento a las importantísimas categorías espirituales).

Estos detalles moldean tu ministerio integral hacia la persona. Revelan lugares de fortaleza y crecimiento para celebrar. Subrayan experiencias significativas y formativas que son razones justas para lamentar y continuar una conversación bíblicamente dirigida. Muestran lugares en los cuales tu amigo necesita reordenar sus pensamientos, actitudes y acciones de acuerdo a la imagen de vida plena que presenta Dios en las

Escrituras. El resultado es que conocer los detalles mantiene delante de ti a una persona real en toda su complejidad. Una persona con esperanzas, temores, sueños, sufrimientos, tentaciones, pecados, gozos y tristezas; una persona no tan diferente a ti, después de todo.

En contraste con la clasificación psiquiátrica (ya sea la psicoanalítica antigua o la descriptiva/categórica moderna), ¡la perspectiva bíblica de la persona es integral! Las categorías bíblicas expanden nuestra perspectiva de la persona atribulada y no llevan a un enfoque ministerial centrado desmedidamente en lo espiritual ni a uno centrado desmedidamente en lo físico. Mucho tiempo antes de que existieran las categorías psiquiátricas, hubo pastores sabios que tomaron seriamente los factores espirituales, físicos, temperamentales, relacionales y situacionales de los individuos bajo su cuidado que estaban especialmente atribulados y consideraron este enfoque congruente con las Escrituras. Considera obras como *Regla pastoral* de Gregorio Magno, escrita en el quinto siglo, o *Trouble of Mind and the Disease of Melancholy* [*El problema de la mente y la enfermedad de la melancolía*] de Timothy Rogers, escrita en la era de los puritanos. Tales obras ministran a las personas en toda su complejidad de manera cuidadosa, compasiva y veraz.

La Escritura es ricamente descriptiva *y también* trata con las causas. Las categorías bíblicas expanden, no reducen, nuestro entendimiento de las personas. A medida que conozco a una persona que lucha con ansiedad social, ¿qué temas bíblicos emergen mientras escucho su historia? Aunque no puedo hacer justicia a un enfoque integral en los siguientes párrafos, aquí presento algunas maneras en las que yo caminaría con quien sufre.

Primero, subrayaría dónde veo al Espíritu Santo obrando ahora mismo en la vida de la persona. El apóstol Pablo hace esto al comienzo de la mayoría de sus cartas. Por ejemplo, en su carta a los corintios (una iglesia con un sinnúmero de problemas) Pablo comienza afirmando su posición y llamado en Cristo y apuntando a los dones que Dios les había dado (1Co 1:1-9). Desde ese fundamento seguro él procede *entonces* a abordar sus asuntos y problemas. Del mismo modo, quiero ser consciente de las fortalezas, los dones y el fruto del Espíritu que la persona que lucha con la ansiedad social trae a la mesa, de manera que seamos capaces de edificar juntos sobre el fundamento de la buena obra de Dios. Yo quiero subrayar la identidad de la persona en Cristo (y todo lo que ella realmente posee en virtud de su unión con Cristo) cuando crece la tentación de escapar del escrutinio que la persona percibe de otros.

En alguien que ha recibido burlas o acoso, lo que puede ser un factor para su ansiedad social, yo quiero afirmar que Dios escucha el clamor del oprimido y que responsabiliza a los opresores (Sal 9:9-10; 10; Jer 23:1-4; Ez 34). Jesús mismo conoce íntimamente el dolor de ser ridiculizado y maltratado (Is 53; Mr 14:53 – 15:20) y nos invita a acercarnos a Él en nuestra debilidad (Heb 4:15-16; 1P 5:7).

Con respecto a la experiencia de temor y ansiedad, está presente por todos lados en las Escrituras. De hecho, la exhortación más común en la Biblia es "no tengan miedo". Generalmente, esto no suena como: "¡¿QUÉ ES LO QUE TE PASA?! ¡¿CUÁL ES TU PROBLEMA?!"; sino más bien como un padre confortando un hijo asustado: "No te preocupes... aquí estoy... no tengas temor". Una meta que tengo para las personas que luchan con la ansiedad social es que crezcan en clamar a Dios en medio de su sufrimiento. En esencia, la ansiedad es menos situacional y más relacional: ¿Realmente hay alguien aquí a mi favor o estoy totalmente solo? ¿A alguien le importo? Quiero ayudar a la gente a hablarse menos a sí mismos y hablar más a Dios mientras luchan con su ansiedad (Sal 46:1; Is 41:10).

La Biblia también subraya que nosotros somos agentes morales que tenemos motivaciones que controlan nuestros comportamientos. El perfeccionismo, el deseo de complacer a la gente, los deseos de éxito y reconocimiento ante otros, el evitar mostrarse débil (y más) pueden ser parte de la gasolina que acelera el motor de la ansiedad. Es importante abordar estos deseos y temores subyacentes con la esperanza y sustancia del evangelio. Nuestro corazón es expuesto por el sufrimiento; quiero orientar hacia el Señor a quienes están respondiendo a esta prueba con enojo e incredulidad. Quiero animar a quienes continúan clamando a Dios humildemente a que perseveren mientras trabajamos juntos para progresar en su lucha.

Finalmente, las Escrituras toman seriamente el hecho de que nosotros vivimos en cuerpos. Prestaré atención a los síntomas físicos de ansiedad que la persona muestra: ritmo cardíaco acelerado, hiperventilación, mareo, temblores y más. Vencer la ansiedad es un esfuerzo de toda la persona. "Quédense quietos, reconozcan que yo soy Dios" (Sal 46:10) implica acallar tanto nuestra mente como nuestro cuerpo (véase también el Salmo 131).

He tomado un tiempo para reducir la velocidad y dar solamente una muestra de cómo las Escrituras hablan ricamente en múltiples niveles a la persona que lucha con la ansiedad social; todo esto con el propósito de proteger a quien ayuda de tener una visión limitada por un diagnóstico. Recientemente hablé con un hombre joven quien me dijo que mientras tomaba un exceso de clases en la universidad, trabajaba cincuenta horas a la semana y dormía solamente tres horas cada noche, buscó ayuda médica para tratar con su creciente ansiedad.

Tras una corta conversación, su médico le diagnosticó con "Trastorno de ansiedad generalizada" (una categoría del *DSM* más amplia que la fobia social) y le dio un medicamento, el cual le ayudó en cierta manera con la ansiedad pero le causó muchos otros problemas. Finalmente, con la ayuda de su pastor (y un médico sabio) él hizo un inventario de las presiones que enfrentaba, las decisiones que estaba tomando y los deseos y temores que impulsaban esas decisiones. Él tomó mejor cuidado de su cuerpo y su alma, y eventualmente fue capaz de dejar su medicamento. En este caso en particular, el abreviado diagnóstico de "Trastorno de ansiedad generalizada" no le sirvió para bien.

En última instancia, nosotros siempre buscamos someter los diagnósticos psiquiátricos a los diagnósticos bíblicos. Queremos que las categorías y los temas bíblicos expliquen lo que observamos en otros. Incluso haciendo eso, necesitamos permanecer humildes, comprendiendo que una gama compleja de factores que quizá no entendamos completamente pueden contribuir al problema de la persona. La tarea de dar un diagnóstico, ya sea usando categorías bíblicas o seculares, nunca es seguir una simple fórmula. La clave es la sabiduría.

Ahora, después de todo lo que he escrito, puedes estar pensando: "¿Qué ayuda nos proveen los diagnósticos psiquiátricos? Has mostrado advertencias apropiadas que me han guardado de llegar a ser demasiado cálido con el sistema diagnóstico, ¡pero ahora me siento completamente frío hacia este sistema de clasificar los problemas de la gente!". De nuevo, quiero que tengamos una apreciación sabia y equilibrada, así que exploremos algunos de los beneficios de la categorización psiquiátrica mientras ministramos a otros.

9

EL VALOR DE LOS DIAGNÓSTICOS PSIQUIÁTRICOS EN EL MINISTERIO

Hay maneras en las que los diagnósticos psiquiátricos son útiles en la macro escala (médica-social-cultural) de cuidado. Ellos mejoran la fiabilidad del diagnóstico entre los diferentes proveedores de salud, son fundamentales en la investigación psiquiátrica, guían los pagos de seguros médicos y sirven como la base para servicios educacionales. Todo esto es valioso. Solo pregúntale a cualquier padre de un niño con necesidad de educación especial y te darás cuenta de la importancia de recibir un diagnóstico adecuado y explícito.

Sin embargo, quiero enfocarme en la utilidad potencial de las clasificaciones psiquiátricas en un nivel micro, en el contexto del ministerio unos a otros. Espero que esta sección ayude especialmente a quienes son "demasiado fríos" con respecto a estas categorías de diagnóstico.

Primero, los diagnósticos psiquiátricos organizan a quienes sufren en categorías que ayudan a brindar una atención enfocada. Dicho de otra manera, el *DSM* te ayuda a identificar *patrones* de experiencia. Te hace consciente de las luchas humanas que quizá no conocías y, por lo tanto, propician un análisis atento y cuidadoso a tales luchas.

Cuando era consejero interno en CCEF, uno de mis primeros aconsejados fue un caballero diagnosticado con trastorno de Asperger. Yo nunca había escuchado sobre el trastorno de Asperger. Al mirar el criterio de diagnóstico para el Asperger y al aprender qué es un trastorno del espectro autista, pude abordar las primeras sesiones con al menos algunas ideas básicas de esa lucha en mente. Esto también me permitió hacer preguntas adecuadas que él pudiera contestar y desarrollar con los detalles de su experiencia. Me ayudó a discernir mejor las situaciones en las que mi aconsejado podía ser *incapaz* de hacer algo, no necesariamente estar *renuente* a hacerlo. Me ayudó a distinguir mejor entre la debilidad y el pecado, entre "los no puedo" y "los no quiero".

Ahora, si tú eres muy escéptico respecto a los diagnósticos psiquiátricos, podrías decir que yo pude haber obtenido la misma información con una buena destreza para recopilar datos. Quizá, pero creo que hubiera tomado más tiempo. Y es posible que yo no hubiera logrado ver la relación entre las diferentes partes de la experiencia de mi aconsejado. Si bien hemos visto el peligro de descansar solamente en los diagnósticos psiquiátricos, no pasemos por alto los patrones de lucha que han sido identificados en el *DSM*.

Un resultado de pensar que un diagnóstico representa un grupo de experiencias es este: podemos beneficiarnos de la experiencia publicada de quienes trabajan, quizá exclusivamente, con un tipo de problema. En mi trabajo con aconsejados que luchan con obsesiones y compulsiones, he aumentado mi comprensión del tema al leer escritores tanto seculares como cristianos. En cada caso someto lo que estoy leyendo a un marco bíblico, debido a que la conceptualización de las luchas de las personas y las metodologías seculares para ayudarles no son "neutrales". Es decir, vienen con una inclinación particular sobre los seres humanos y sus problemas que generalmente no estará alineada con las Escrituras. Al mismo tiempo, las observaciones de ciertos casos que los profesionales hacen nos pueden enviar de regreso a las Escrituras para entender aún más y desarrollar una perspectiva bíblica de lo que ellos vieron de manera incompleta.

Por ejemplo, en mi trabajo inicial con personas esclavizadas por obsesiones y compulsiones, me pareció esclarecedor leer sobre los seis patrones de pensamiento comúnmente presentados en quienes son diagnosticados con TOC (trastorno obsesivo-compulsivo): responsabilidad exagerada, demasiada importancia a los pensamientos (tomar los pensamientos propios demasiado en serio), sobrevaloración de amenazas, importancia de controlar los pensamientos propios, intolerancia a la incertidumbre y perfeccionismo.[1] Yo pude haber identificado esos mismos patrones de pensamiento al acumular sabiduría después de examinar varios casos, pero tener desde el inicio esos patrones en mente me dio una ventaja a la hora de considerar cómo los temas y las categorías bíblicas abordan las perspectivas que la persona tiene de Dios y de sí mismo, que forman la base para esas formas de pensar.

Desde una perspectiva bíblica, nuestra facultad cognitiva (nuestros pensamientos) no es neutral. Es decir, nuestro pensamiento es "de pacto": ya sea orientado hacia la verdad revelada de Dios y Su mundo o alejado de ella. Un pensamiento persistente—"Debo estar absolutamente seguro de que apagué la estufa" (aunque ya la revisé cinco veces)—revela la necesidad de crecimiento en confianza en el poder y presencia de Dios en los detalles de la vida. Revela una mentalidad en la cual yo soy totalmente responsable de prevenir una catástrofe en mi vida. Revela la necesidad de confiar el cuidado final y total de mi vida a un Padre amoroso en ese momento de indecisión y temor. La no neutralidad del pensamiento es también evidente (y quizá más fácilmente demostrable) en el pensamiento catastrófico, blanco y negro, que está a menudo presente en la depresión: "Soy una fracasada total" o "Nadie me quiere". Estas afirmaciones conllevan una interpretación de la vida que ha sido desconectada de las realidades de la redención que la persona posee en Cristo.

Segundo, los diagnósticos nos recuerdan que la experiencia de esta persona es verdaderamente distinta a la mía. Esto nos protege de simplificar demasiado y sugerir enfoques bien intencionados pero potencialmente superficiales para tratar con la lucha de la persona. (Por supuesto, antes subrayé la otra cara de la moneda de este asunto: Demasiada confianza en un diagnóstico puede también llevar a un enfoque bien intencionado pero superficial para tratar con la lucha de la persona). Ahora, espero que lleguemos a conclusiones similares simplemente sentándonos con la persona y entrando en su mundo de manera proactiva. Con o sin diagnóstico, queremos tomarnos el tiempo para conocer a alguien antes de lanzarnos a ofrecer soluciones aparentes para el problema. Pero la presencia de un diagnóstico puede indicar que si bien *hay* luchas en común entre nosotros, esta persona posiblemente está luchando de maneras más específicas e intensas. Por ejemplo, todos nosotros hemos tenido ansiedad en algún momento, pero no todos hemos experimentado ataques de pánico. Todos pasamos por temporadas de desánimo, pero no todos hemos atravesado por meses de depresión que te adormece hasta los huesos. Todos hemos experimentado eventos atemorizantes, pero no todos somos atormentados por recuerdos y miedo intensos. A muchos de nosotros nos gusta el orden en nuestra vida, pero muy pocos de nosotros somos paralizados con la necesidad de perfecta simetría y organización en cada área de nuestro espacio. Estas diferencias no pueden ser ignoradas ni subestimadas.

¿Por qué? Una mayor intensidad en el sufrimiento lleva a una mayor necesidad de estudiar cuidadosamente a las personas y las Escrituras para traer una perspectiva bíblica sabia a sus problemas. Un diagnóstico a veces nos lleva de regreso a la mesa de trabajo para encontrar la manera de usar la historia bíblica para ministrar a alguien. Es más fácil ministrar a alguien muy similar a nosotros. Es más difícil ministrar a alguien diferente a nosotros. Un diagnóstico levanta una bandera amarilla de precaución que dice: "¡Despacio! ¡Debes estar listo para escuchar y ser lento para hablar! Toma tiempo para discernir la complejidad del problema de esta persona como alguien que sufre y como un pecador delante de Dios".

Tercero, ciertos diagnósticos sugieren patrones particulares de severidad y peligro. Si no observas un síntoma dentro de un contexto más amplio en el que ciertos procesos de pensamiento, fluctuaciones emocionales y acciones están interrelacionados, corres el riesgo de minimizar un peligro potencial. Por ejemplo, ¿es la energía excesiva, locuacidad y enfoque en sí mismo que has visto en tu amigo en los últimos dos meses una manifestación de orgullo y egocentrismo? Posiblemente. Pero ¿has considerado que esos síntomas pueden representar las etapas tempranas de manía? Si es así, eso sugiere que es necesario un nivel más alto de supervisión, tanto espiritual como médica.

Cuarto, relacionado a lo anterior, *algunos diagnósticos nos recuerdan que el cuerpo tiene un rol más decisivo en el problema de la persona*. Los diagnósticos psiquiátricos nos recuerdan que somos almas en un cuerpo. ¡*Sabemos* esto claramente por el testimonio de las Escrituras! Pero, en la práctica, a veces sobre espiritualizamos los problemas con emociones y pensamientos. Cuando consideras el espectro de los diagnósticos psiquiátricos, está claro que años de investigación demuestran que algunos diagnósticos pueden tener un componente de causa genético (hereditario) más fuerte que otros. Estos incluyen la esquizofrenia, el trastorno bipolar, el trastorno de espectro autista, y quizás formas más severas de depresión (melancolía), ansiedad y TOC.[2]

Otra manera de expresar esta verdad es afirmando que, aunque los diagnósticos psiquiátricos son descripciones y no explicaciones completas, eso no significa que un diagnóstico dado o un síntoma no tenga en absoluto pistas que lo expliquen. No todos los diagnósticos psiquiátricos deberían ser vistos de manera idéntica. Algunos de hecho *tienen* reconocimiento desde hace mucho en la historia médica y psiquiátrica, ocurren transculturalmente y, por lo tanto, no son meramente "creaciones" modernas de Occidente que subrayan patrones de comportamientos anormales o pecaminosos, como dirían los críticos. Las observaciones que han sido sostenidas por varios observadores a través del tiempo y espacio sugieren que algunas personas pueden tener un "riesgo" físico más alto de desarrollar ciertos patrones de pensamiento, estado de ánimo y comportamiento desordenado.

Por ejemplo, lidiaré con la psicosis de una manera diferente en que lo haré con la ansiedad social, aunque tomaré con seriedad las luchas de ambos casos. Tomaré especialmente en serio la prioridad de ministerio de tratamientos médicos (por ejemplo, el uso de antipsicóticos) para la persona con psicosis.

Aún así, en ambos casos, buscaré los factores que juntos pueden contribuir al problema de la persona. Y siempre buscaré cómo la verdad bíblica y el Dios que siempre está presente, lleno de gracia y misericordia, conectan con este patrón de lucha.

Es una simplificación excesiva sugerir que, a menos que podamos ver cambios estructurales a nivel del cerebro o identificar la causa única (como con una enfermedad infecciosa como la faringitis estreptocócica), un diagnóstico no sea "válido". No hay duda de que el *DSM* representa un espectro, y algunos diagnósticos son más motivados por la cultura y la sociedad que otros, como mencioné anteriormente. Pero otros diagnósticos tienen una patología basada en el cerebro que es cuantificable y observada consistentemente, que subyace las señales y los síntomas descriptivos (como las demencias o la narcolepsia). *La mayoría* de diagnósticos en el *DSM* (lo que normalmente viene a la mente cuando piensas en un trastorno psiquiátrico) refleja una mezcla de varios factores causales potenciales incluyendo la predisposición biológica heredada, situaciones y experiencias, el efecto de relaciones significativas, exposición a toxinas en el ambiente, patrones de pensamiento y deseo, decisiones personales y respuestas aprendidas, y la orientación hacia o contra Dios, solo para nombrar algunos factores prominentes.[3] Y dentro de una categoría de diagnóstico dada (depresión o TOC, por ejemplo), ciertos factores que contribuyen al problema pueden ser más predominantes que otros. En última instancia, la meta no es simplemente confirmar o condenar un diagnóstico dado sino cuidadosa, persistente y amorosamente aplicar la redención de Dios en la vida de las personas que luchan con los problemas encapsulados en la descripción de un diagnóstico.

[illegible] al problema de la persona. Y sin que busquen [illegible] la verdad bíblica del Dios que siempre está presente, lleno de gracia y misericordia, conectan con este patrón de lectura. Es una simplificación excesiva decir que aquellos que pedimos por cambios estructurales a nivel del [illegible] como con una enfermedad infecciosa [illegible]

[illegible]

[illegible] contribuyen al problema mientras dejan de lado otros. En última instancia, la meta no es simplemente confirmar [illegible] un diagnóstico [illegible] aplicar la redención de Dios en la vida de las personas que luchan con los problemas [illegible] la descripción de un diagnóstico.

10

CONCLUSIÓN: ¿QUÉ HAY EN UN NOMBRE?

¿Qué hay en un nombre? ¿Cómo podemos pensar acerca de los diagnósticos psiquiátricos? Está claro que los diagnósticos psiquiátricos son descripciones, no explicaciones. Esto debería crear una postura ministerial de investigación cuidadosa. Queremos ampliar las categorías seculares para entender a las personas, no ser limitados por ellas. Los diagnósticos son un punto de partida, no un punto final para el ministerio. Ellos no confieren identidad, ni proveen un entendimiento completo de las personas. A la vez, hay varios beneficios del sistema de diagnóstico psiquiátrico que subrayan la necesidad de tomar seriamente ciertos patrones de sufrimiento y pecado si hemos de proveer cuidado sabio a las personas.

Lo más importante es conocer a la persona que tienes enfrente tan bien como puedas. El adagio de Hipócrates continúa siendo verdad para nosotros hoy: "Es más importante saber qué tipo de persona tiene una enfermedad que saber qué tipo de enfermedad tiene una persona".[1] Tanto defensores como escépticos de la clasificación psiquiátrica deberían estar de acuerdo en una cosa: Somos criaturas asombrosa y angustiosamente complejas. Esto debería humillarnos y fomentar la dependencia de Dios mientras buscamos entender y proveer ayuda dentro de un marco bíblico a quienes están especialmente atribulados.

Si llegaste a esta porción del libro con una tendencia hacia un extremo o el otro en tu actitud con respecto a los diagnósticos psiquiátricos, espero que hayas sido desafiado a avanzar con un enfoque ministerial que no sea ni demasiado cálido ni demasiado frío, sino que sea adecuado. Que Dios nos dé sabiduría para encontrar ese balance mientras ministramos holísticamente a otros con fidelidad bíblica.

PARTE 2

ENTENDIENDO LOS MEDICAMENTOS PSICOACTIVOS

INTRODUCCIÓN: ¿QUÉ ESCUCHAS?

En la primera parte de este libro, tuve como meta presentar una evaluación equilibrada de los diagnósticos psiquiátricos. En la segunda parte quiero hacer lo mismo con respecto a los medicamentos psicoactivos. Comenzaré con varios casos de estudio reales que ilustran algunas de las preguntas con las que debemos lidiar mientras buscamos discernir la perspectiva bíblica sobre los medicamentos psiquiátricos.

~~

Has estado trabajando durante seis meses con un miembro de tu congregación que lucha con depresión y ansiedad severas. Después de caminar a su lado en su lucha, han identificado juntos algunas maneras en las que su perfeccionismo y su desconfianza en la bondad y misericordia del Señor contribuyen a su ansiedad y depresión. Ella está progresando lentamente.

La ves usando los Salmos más consistentemente para moverse hacia Dios y expresar sus temores y desilusiones. Ella es menos hipercrítica de sí misma y de otros. Luego, durante un periodo de un mes, ves un cambio considerable. Es como si ella hubiera salido de un estado de hibernación. Ella se deshace de su espiritualidad aletargada frente a tus ojos. La Palabra se hace viva para ella de manera nueva y fresca. Ella tiene un creciente ánimo para servir a otros. Su depresión y ansiedad disminuyen semana tras semana. ¡Tú te alegras! Y entonces, ella te dice que hace cuatro semanas tuvo una cita con su médico de cabecera quien le recetó Fluoxetina (Prozac), y lo ha estado tomando desde entonces.

Así que, ¿cómo ves su cambio ahora? ¿Estás decepcionado? ¿Agradecido? ¿Confundido? ¿Cambias tu enfoque de consejería? ¿Deberías ser más proactivo en recomendar una evaluación para recetar medicamento, particularmente para aquellos aconsejados que parecen "atascados" o evidencian un lento progreso? ¡¿Consideras en oración asistir a la escuela de medicina para que tú también puedas recetar Fluoxetina?!

~~

Otra persona viene a ti para recibir ayuda lidiando con obsesiones y compulsiones durante mucho tiempo. Él ha estado bajo seis diferentes combinaciones de medicamentos en el pasado, y ninguna de ellas le ha ayudado de manera significativa. Él está desanimado con respecto a su falta de progreso, su aumento de veinte libras de peso y los frecuentes dolores de cabeza que ha experimentado durante los últimos seis meses estando bajo su último régimen médico. ¿Por dónde comienzas?

~~

Un miembro de tu congregación te dice que está tomando Carbamazepina (Tegretol), Sertralina (Zoloft) y Aripiprazol (Abilify) para tratar un diagnóstico de trastorno bipolar. Él desea salir de ese tratamiento y quiere tu consejo antes de regresar con su psiquiatra. Más específicamente, él ha desarrollado la convicción de que debería, con la ayuda de Dios, ser capaz de vivir sin medicamentos. ¿Cómo procederías? ¿Qué información quisieras conocer? ¿Debería una vida caracterizada por la fe robusta y el arrepentimiento hacer que los medicamentos sean *in*necesarios?

~~

Estos escenarios muestran la necesidad de que los pastores, consejeros y otras personas que ayudan en la iglesia estén familiarizados con los medicamentos psicoactivos. Vivimos en una época en la cual más y más problemas en la vida son atribuidos a una disfunción cerebral. Dentro de la comunidad psiquiátrica se pregona que los medicamentos son un aspecto importante (si no el *más* importante) en el tratamiento. Popularmente se entiende que los medicamentos son a menudo *el* tratamiento por elección.

Como noté anteriormente, los cristianos permanecen divididos cuando se trata de este asunto. Algunos dirían que los medicamentos son usualmente apropiados, visualizándolos como una herramienta dada por Dios para aliviar el sufrimiento mental. Otros son más cautelosos, recomendando medicamentos solamente en situaciones más severas. Aún otros censuran el uso de medicamentos psicoactivos como una "salida fácil", argumentando que una postura básica de obediencia centrada en el evangelio es todo lo que se necesita.

Como cristianos, no podemos solamente "escuchar a Prozac".[1] Necesitamos una filosofía basada en la Biblia que nos guíe en el uso o no uso de medicamentos. Necesitamos conocer no solamente el "qué" y "cómo" del uso de los medicamentos psicoactivos, sino también el "por qué" y "por qué no". Y necesitamos estrategias. ¿Cómo proceder en casos difíciles como los mencionados arriba?

Con ese fin, tengo varias metas específicas en esta sección del libro: (1) familiarizarte con las clases básicas de medicamentos psicoactivos; (2) examinar lo que conocemos sobre el mecanismo de acción y la eficacia de tales fármacos con un enfoque particular en los antidepresivos; y (3) discutir un enfoque bíblico sobre los medicamentos psicoactivos.

11

CLASES DE MEDICAMENTOS PSICOACTIVOS

El término medicamento "psicoactivo" se refiere a aquellas sustancias químicas que están diseñadas para entrar en el tejido cerebral desde el torrente sanguíneo para producir cambios en el estado de ánimo, los pensamientos, las emociones y el comportamiento. Los adjetivos "psicotrópico" y "psiquiátrico" son sinónimos de psicoactivo. Estos términos pueden ser usados de forma intercambiable. De hecho, la mayoría de los medicamentos, en dosis suficientemente altas, pueden tener efectos (secundarios) psicoactivos. (Por ejemplo, una píldora para la presión arterial alta puede causar somnolencia o incapacidad de concentrarse). Pero mi enfoque es en esas clases de medicamentos *diseñados* para tener un efecto en el cerebro.[1] Resumiré ahora las diversas clases de psicoactivos que existen. Ver la tabla 1 para un resumen.

Categoría de fármaco	Usada para tratar	Ejemplos de fármacos disponibles
Antidepresivo	Depresión	Imipramina (Tofranil), Amitriptilina (Elavil), Fluoxetina (Prozac), Sertralina (Zoloft), Paroxetina (Paxil), Citalopram (Celexa), Bupropion (Wellbutrin), Venlafaxina (Effexor), Mirtazapina (Remeron), Duloxetina (Cymbalta)
Estabilizadores de estado de ánimo	Trastorno bipolar	Litio, Carbamazepina (Tegretol), Valproato (Depakote), Lamotrigina (Lamictal)
Antiobsesivos	Trastorno obsesivo-compulsivo	Clomipramina (Anafranil), Sertralina (Zoloft)
Psicoestimulantes	Trastorno por déficit de atención/hiperactividad	Metilfenidato (Ritalin, Concerta), Dexmetilfenidato (Focalin), Dextroanfetamina (Dexedrine), Anfetaminas mixtas (Adderall)
Antipsicóticos	Esquizofrenia, psicosis, alucinaciones, delirios	Clorpromazina (Thorazine), Tioridazina (Mellaril), Haloperidol (Haldol), Risperidona (Risperdal), Olanzapina (Zyprexa), Ziprasidona (Geodon), Aripiprazol (Abilify)
Ansiolíticos	Ansiedad	Diazepam (Valium), Clordiazepóxido (Librium), Clonazepam (Klonopin), Lorazepam (Ativan), Alprazolam (Xanax), Sertralina (Zoloft), Paroxetina (Paxil)
Hipnóticos	Insomnio	Zolpidem (Ambien), Zaleplon (Sonata), Eszopiclona (Lunesta)

Tabla 1. Clases de medicamentos psicoactivos

Los *antidepresivos* son probablemente la clase de medicamentos con la cual estamos más familiarizados. Los antidepresivos más tempranos, desarrollados en las décadas de 1950 y 1960, tales como imipramina (Tofranil) y amitriptilina (Elavil), continúan siendo usados hoy, pero han sido eclipsados por los "SSRIs" (por sus siglas en inglés) —inhibidores selectivos de la recaptación de serotonina— tales como fluoxetina (Prozac), sertralina (Zoloft), paroxetina (Paxil) y citalopram (Celexa), los cuales estuvieron disponibles al público a finales de la década de 1980. Otros antidepresivos con composiciones variadas incluyen bupropion (Wellbutrin), venlafaxina (Effexor), mirtazapina (Remeron) y duloxetina (Cymbalta). Tres agentes relativamente nuevos incluyen levomilnacipran (Fetzima), vilazodona (Viibryd) y vortioxetina (Trintellix). Ninguna categoría de antidepresivos ha demostrado ser más efectiva que otra, y los antidepresivos más recientes no son más efectivos que los más antiguos, aunque ellos tienden a tener menos efectos secundarios sedantes que los antidepresivos más antiguos.

A la vez, existen diferencias sutiles entre varios antidepresivos que son tomadas en cuenta en la elección del psiquiatra cuando receta tales medicamentos. Por ejemplo, la fluoxetina (Prozac) tiende a ser más "aceleradora" que la paroxetina (Paxil), aunque ambas son parte de los medicamentos considerados como inhibidores selectivos de la recaptación de serotonina. Alguien que tiene una depresión asociada con la agitación y la ansiedad puede ser recetado con paroxetina (Paxil) antes de ser recetado con fluoxetina (Prozac), aunque ambas están asociadas con la reducción de síntomas depresivos.

Los *estabilizadores del estado de ánimo* son usados para tratar el trastorno bipolar. También son llamados "fármacos contra la manía". El litio, descubierto en 1949, ha sido la regla de oro dentro de la psiquiatría por muchos años, aunque puede ser asociado con efectos secundarios potencialmente peligrosos. Más recientemente, se ha observado que los medicamentos que fueron inicialmente usados para trastornos epilépticos tienen el efecto de equilibrar el estado de ánimo. Estos incluyen carbamazepina (Tegretol), valproato (Depakote) y lamotrigina (Lamictal), solo por mencionar algunos.

Los *antiobsesivos* son medicamentos usados para tratar las obsesiones y compulsiones. Muchos de estos son los inhibidores selectivos de la recaptación de serotonina que mencioné anteriormente, incluyendo la clomipramina (Anafranil). Nota que muchos medicamentos, particularmente los inhibidores selectivos de la recaptación de serotonina, tienen múltiples usos autorizados por la Administración de Alimentos y Medicamentos (FDA, por sus siglas en inglés). De inmediato esto te dice que estos medicamentos no pueden ser comparados con "bombas inteligentes" que funcionan con precisión laser, sino más bien con bombas convencionales que tienen un efecto amplio en los sistemas de neurotransmisores del cerebro. La falta de especificidad nos recuerda lo poco que entendemos sobre el componente neurobiológico de los problemas psiquiátricos. Tocaré este tema más adelante.

Los *psicoestimulantes* han sido usados desde la década de 1950 para tratar síntomas de trastorno por déficit de atención/hiperactividad. Estos incluyen metilfenidato (Ritalin), la versión de liberación sostenida de metilfenidato (Concerta), dexmetilfenidato (Focalin), dextroanfetamina (Dexedrine), Adderall (anfetaminas mixtas). Debido a que son estimulantes, existe el potencial de abuso si no se usan de acuerdo con la receta médica.

Los *antipsicóticos* son usados para tratar síntomas de psicosis, incluyendo alucinaciones y delirios característicos de la esquizofrenia. Los antipsicóticos más antiguos, usados en la década de 1950, incluyen clorpromazina (Thorazine), tioridazina (Mellaril) y haloperidol (Haldol). Debido a efectos secundarios muy severos, algunos de los cuales son permanentes, el uso de estos fármacos fue limitado.

Sin embargo, la creación de una nueva generación de antipsicóticos ha llevado al tratamiento de más pacientes, particularmente pacientes bipolares cuya manía puede o no tener características de psicosis. Estos antipsicóticos más recientes, los cuales son esencialmente iguales en eficacia a la primera generación de antipsicóticos, incluyen risperidona (Risperdal), olanzapina (Zyprexa), ziprasidona (Geodon) y aripiprazol (Abilify). Los últimos antipsicóticos incluyen palmitato de paliperidona (Invega), iloperidona (Fanapt), lurasidona (Latuda), asenapina (Saphris), brexpiprazol (Rexulti), pimavanserina (Nuplazid) y cariprazine (Vraylar).

Investigaciones tempranas sugirieron que la segunda generación de antipsicóticos tenía menos efectos secundarios. Pero investigaciones más recientes sugieren el potencial de efectos secundarios igualmente serios, aunque diferentes, en comparación con la primera generación de antipsicóticos.[2]

Los *ansiolíticos* (medicamentos contra la ansiedad) son usados para tratar los síntomas de la ansiedad. Históricamente, los médicos han usado una sub-categoría conocida como benzodiacepinas para tratar la ansiedad y el pánico. Estas incluyen fármacos como diazepam (Valium) y clordiazepóxido (Librium), y más recientemente, clonazepam (Klonopin), lorazepam (Ativan) y alprazolam (Xanax). El problema con las benzodiacepinas, cuando son usadas regularmente y a largo plazo, es el potencial de tolerancia, dependencia y síntomas de abstinencia. La tolerancia significa que tu cuerpo requiere más del fármaco con el paso del tiempo para obtener el mismo efecto. La dependencia significa que tu cuerpo está diciendo que necesita cierto nivel del fármaco para sentirse normal y para prevenir los síntomas de abstinencia. Los síntomas de abstinencia, incluyendo ansiedad elevada, alta frecuencia cardíaca, sudor, entre otros, ocurren cuando se detiene abruptamente el consumo del fármaco debido a la dependencia que el cuerpo tiene del mismo. En algunos casos (por ejemplo, alprazolam o Xanax) los síntomas de abstinencia pueden ser fatales. En general, los médicos ahora usan las benzodiacepinas para tratar la ansiedad a corto plazo, y es más factible que receten los inhibidores selectivos de la recaptación de serotonina (por ejemplo, sertralina o Zoloft, paroxetina o Paxil) para tratamientos a largo plazo.

Los *hipnóticos* son recetados para tratar con el insomnio. Los medicamentos más antiguos estaban en la categoría de benzodiacepinas, pero ahora los médicos se decantan por fármacos más recientes, tales como zolpidem (Ambien), zaleplon (Sonata), eszopiclona (Lunesta), y otros que tienen menor potencial adictivo.

Aunque mencioné antes algunas preocupaciones específicas, es importante notar que los efectos secundarios son comunes en cada una de estas clases de medicamentos psicoactivos. La somnolencia y el aumento de peso son muy comunes. Los efectos secundarios sexuales, tales como libido reducida y la incapacidad de experimentar un orgasmo, puede llegar hasta un sesenta por ciento en la categoría de medicamentos inhibidores selectivos de la recaptación de serotonina. Como veremos más adelante, los potenciales beneficios del uso de estos medicamentos pueden superar los costos, incluyendo los efectos secundarios. Así que, en este punto simplemente nota que estos no son agentes benignos. Ellos pueden ayudar, pero también pueden causar daño; ¡por esa razón son regulados por la Administración de Alimentos y Medicamentos!

12

¿TRATAN LOS MEDICAMENTOS UN "DESEQUILIBRIO QUÍMICO"?

Ya que te he familiarizado con las categorías básicas de medicamentos psicoactivos, abordemos ahora la pregunta: "¿Cómo funcionan?". ¿Tratan "desequilibrios químicos"? Este es, sin duda, el entendimiento laico, alimentado por la psiquiatría orientada a la biología y por la mercadotecnia farmacológica. Pero, ¿corrigen los fármacos psicoactivos desequilibrios en la química del cuerpo?

Para responder a esa pregunta, debo darte un curso acelerado sobre neuroanatomía básica. ¡No te preocupes, intentaré que sea llevadero! En el cerebro hay miles de millones de células nerviosas (neuronas) que se comunican unas con otras por medio de sustancias químicas llamadas neurotransmisores. En términos sencillos, la célula emisora libera neurotransmisores al espacio entre ella y la célula receptora. La célula receptora tiene receptores para el neurotransmisor y es activada cuando el neurotransmisor se une a ella. Después de la activación, el neurotransmisor es liberado del sitio del receptor. Luego, el neurotransmisor puede (1) ser llevado de vuelta a la célula emisora para volverse a empacar y ser usado nuevamente, (2) permanecer en el espacio entre las neuronas, o (3) ser destruido.

Los científicos han descubierto más de 200 neurotransmisores. Algunos que quizá conoces son la serotonina, la dopamina y la norepinefrina. La teoría es la siguiente: Los problemas psiquiátricos resultan de un desequilibrio en, o una desregulación de, los neurotransmisores o el sistema neurotransmisor en ciertas partes del cerebro. Por ejemplo, algunos concluyen que la depresión resulta de una deficiencia de serotonina, así que el tratamiento conlleva el uso de medicamentos psicoactivos para atender esa deficiencia. El impacto de estos tratamientos es a menudo vívidamente presentado en los anuncios de productos farmacéuticos con diagramas del cerebro del paciente antes y después del mismo. Pero, ¿qué sabemos realmente?

Primero, debido a que no podemos medir los niveles de neurotransmisores en el cerebro de una persona que está siendo tratada con estos medicamentos, no podemos probar definitivamente que estos fármacos sean los responsables de algún cambio en los síntomas de la persona. Nota que esto es muy diferente de otros diagnósticos médicos. Por ejemplo, para el hipotiroidismo podemos medir directamente una cantidad baja de la hormona tiroidea, o para la diabetes podemos medir directamente una cantidad alta de glucosa en el flujo sanguíneo de un paciente en particular. Los tratamientos de ambas condiciones llevarán a cambios directos en las mediciones de la sangre. Pero debido a que no podemos medir los neurotransmisores, no podemos sacar las mismas conclusiones sobre el impacto de los medicamentos psicoactivos en los síntomas de una persona en particular.

Segundo, no sabemos exactamente cómo funcionan estos medicamentos en humanos. Lo que sabemos es cómo estos medicamentos funcionan en tubos de ensayo con tejido cerebral animal; esta investigación es extrapolada a los humanos. Esto, en sí mismo, es apropiado para probar hipótesis, pero no puede decirte qué sucede en el cerebro humano. Presta atención a lo que incluso un científico muy orientado a la biomedicina, el farmacólogo Stephen Stahl, dice sobre el tema:

> En general, el conocimiento contemporáneo de los trastornos del sistema nervioso central está de hecho basado en gran medida en el conocimiento sobre cómo los fármacos actúan en los síntomas de enfermedad, y luego se infiere fisiopatología [es decir, lo que está físicamente mal en el cerebro] al conocer cómo los fármacos actúan. Por tanto, la fisiopatología es *inferida en lugar de ser probada* [énfasis mío], debido a que no conocemos aún la deficiencia enzimática, receptora o genética en ningún trastorno psiquiátrico en concreto.[1]

A continuación tenemos un ejemplo de la descripción de un fármaco específico. El *PDR* (*Physician's Desk Reference* [*Referencia de escritorio del médico*]) describe la sertralina (Zoloft) de esta manera: "El mecanismo de acción de la sertralina se *supone* [énfasis mío] está vinculado a la inhibición de la absorción neuronal de serotonina del sistema nervioso central".[2] En otras palabras, la sertralina *puede* impactar el neurotransmisor serotonina en el cerebro humano como lo hace en la investigación básica del laboratorio, pero no estamos seguros de eso. Tampoco estamos exactamente seguros de cómo esto puede traducirse en un efecto antidepresivo, particularmente a la luz de la compleja interacción de varios sistemas neurotransmisores dentro del cerebro humano.

Esto es importante. Si los investigadores neurocientíficos y psiquiátricos reconocen las limitaciones actuales de las hipótesis biomédicas con respecto al origen de los síntomas psiquiátricos, ¡cuánto más nosotros deberíamos, como quienes brindan consejo bíblico, reconocer la naturaleza compleja de estos problemas, tomando en consideración factores espirituales, biológicos, relacionales, situacionales y socio-culturales subyacentes![3]

Por tanto, lo mejor que podemos decir es que estos fármacos modulan, o cambian, de alguna manera la neurotransmisión, y eso parece estar asociado con la reducción de síntomas en una proporción estadísticamente significativa de aquellos analizados en pruebas clínicas de los fármacos. Pero, ¿tratan estos fármacos un desequilibrio químico en el cerebro humano? Realmente no lo sabemos... quizá. Sabemos que al parecer alivian los síntomas en algunas personas, pero no sabemos exactamente cómo. En lugar de afirmar simplísticamente una noción de "desequilibrio químico", sería mejor decir que probablemente estos medicamentos están relacionados con cambios en la interconexión y neurotransmisión del cerebro, pero no se ha comprobado todavía. Nuestro conocimiento es incompleto. Sin embargo, al señalar que el conocimiento actual sobre cómo funcionan estos fármacos en el cerebro es limitado, no estoy diciendo que deberíamos evitar tales medicamentos. Estoy diciendo que si los usamos, deberíamos ser conscientes de lo que realmente sabemos. Tenemos mucho que aprender y es apropiado tener un optimismo cuidadoso, no un entusiasmo desenfrenado y acrítico.

13

¿CUÁN EFECTIVOS SON LOS MEDICAMENTOS PSICOACTIVOS?

El espacio no me permite analizar cada clase de medicamento psicoactivo, así que permíteme enfocarme principalmente en el uso de antidepresivos, debido a que es la clase de medicamento que encontrarás más a menudo en el ministerio interpersonal. Primero, recuerda que un fármaco no puede llegar al mercado en los Estados Unidos de América a menos que la Administración de Alimentos y Medicamentos (FDA, por sus siglas en inglés) lo apruebe, basado en resultados de pruebas clínicas del fármaco. Más específicamente, un medicamento estudiado tiene que superar a un placebo (una sustancia o un tratamiento químicamente inactivo) con un margen estadísticamente significativo para ser considerado efectivo.

Así que nos preguntamos, ¿qué tan bien funcionan los antidepresivos? Comparados al placebo, ha sido demostrado en estudios publicados que ayudan con la depresión leve, moderada y severa.[1] Ten en consideración que no es inusual que el 35% o más de los pacientes que reciben un placebo respondan favorablemente. Esto muestra el poder de la convicción: Si yo *creo* que un tratamiento que estoy recibiendo puede ser efectivo (sea cierto o no), es más probable que el tratamiento tenga ese efecto. Cuanto más alto sea el efecto del placebo, más deberá demostrar su efectividad el fármaco real, el agente activo, para ser considerado superior al placebo.[2]

Toma, por ejemplo, una prueba clínica de un fármaco en 200 pacientes con depresión. 100 de ellos recibieron un nuevo antidepresivo y 100 de ellos recibieron un placebo. El protocolo estándar para tales estudios es el "doble ciego": ni los pacientes ni los investigadores saben quién tiene el medicamento activo y quién tiene el placebo, con el propósito de que los resultados no sean influenciados.[3] Digamos que el 35% del grupo placebo responde favorablemente, con una reducción de su depresión (este es el efecto placebo) y 70% del grupo que toma el fármaco activo responde favorablemente (véase Figura 1).

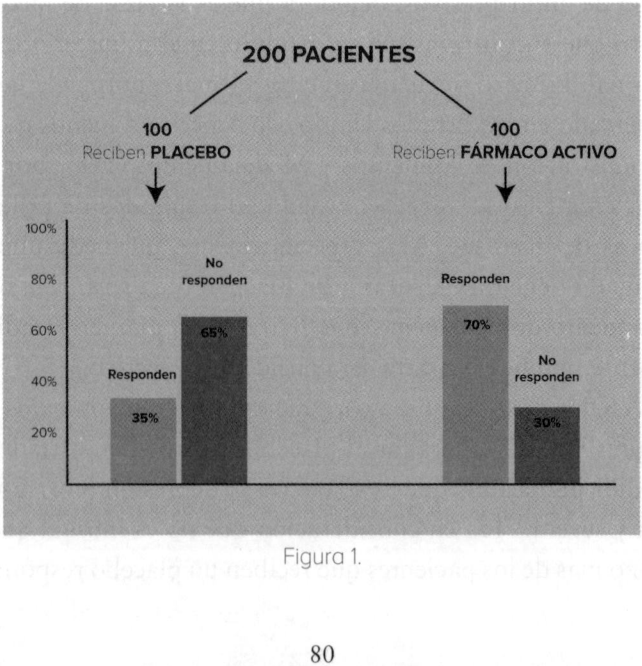

Figura 1.

Se ve bien, ¿verdad? Pero recuerda que parte de ese 70% podría ser el poder de la convicción (el efecto placebo del fármaco activo) y otra parte podría ser los efectos bioquímicos reales del fármaco. Así que, en última instancia, de los 100 participantes que recibieron el fármaco activo, 30% no respondieron, 35% pudieron haber respondido en virtud de un efecto placebo estándar, y 35% pudieron haber respondido debido a los efectos reales del fármaco mismo (ver Figura 2).[4]

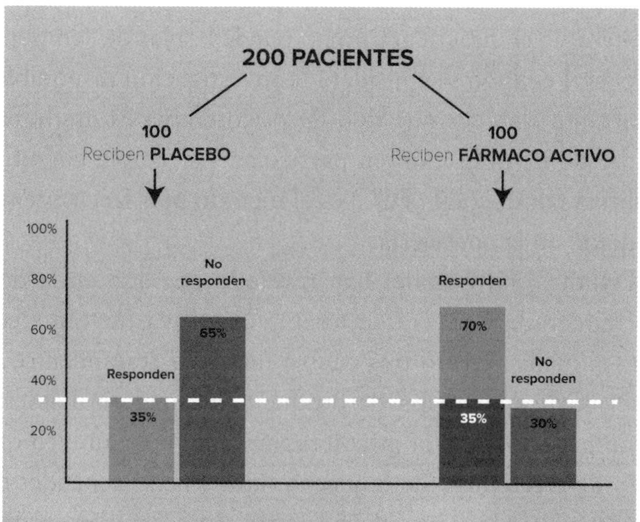

Figura 2.

Deberíamos concluir que, en general, parece haber un efecto moderado del fármaco, pero ciertamente no es una "cura química" (aunque para ese 35% tal eficacia puede ser crucial, incluso un asunto de supervivencia, dependiendo de la severidad de la depresión). Es importante recordar que, en última instancia, estos estudios clínicos no dicen nada acerca de cómo un *individuo* responderá o no responderá cuando se le dé un antidepresivo. A estas alturas no existe una manera definitiva de predecir quién responderá mejor a qué tratamiento, aunque existen algunas pruebas biomarcadoras disponibles que pueden ayudar a guiar a los médicos con respecto a qué clase o dosis de medicamento puede ser más efectiva en ciertos pacientes, particularmente en los casos en que ellos no han respondido a otros tratamientos.[5]

También podemos preguntarnos si los medicamentos son más efectivos que la consejería para la depresión. Responder a esta pregunta es difícil, debido a que hay muchos tipos de psicoterapia en práctica. Uno no puede hablar de "consejería" en general cuando se considera la investigación disponible. Es importante conocer qué tipo de psicoterapia es usada en un estudio de investigación en particular. La terapia cognitiva o cognitiva-conductual (TCC) es el método más frecuentemente estudiado en la consejería.

Estudios individuales han revelado que aún en la depresión moderada o severa, la terapia cognitiva fue tan efectiva como el medicamento tras cuatro meses de tratamiento, aunque el medicamento puede producir una mejora más rápida en comparación con la psicoterapia. Notemos también que el grado de efectividad de la psicoterapia puede depender de la experiencia y conocimiento del consejero.[6] También existe evidencia de que la terapia cognitiva es superior al medicamento en la prevención de reincidencia una vez que el medicamento y/o la consejería se descontinúa.[7] Otros estudios parecen mostrar que la combinación de psicoterapia y medicación puede ser superior al uso exclusivo de la psicoterapia o de la medicación.[8]

¿Qué significa esta investigación para quienes ayudan y están comprometidos a proveer cuidado pastoral y consejería bíblica a quienes luchan con la depresión? Como mínimo la investigación nos recuerda que, a parte de los medicamentos, se ha demostrado la efectividad de otras formas de cuidado para quienes están deprimidos. Específicamente, hay métodos de cuidado que conllevan escuchar, preguntar, razonar, dialogar, evaluar pensamientos y cambiar comportamientos, que son útiles al tratar la depresión. Esto no debería sorprender a quienes tenemos un marco bíblico para entender a las personas; estas actividades son parte del día a día de la vida cristiana ante Dios en comunidad con otros creyentes. Pero la investigación secular no "valida" la consejería bíblica en comparación con los medicamentos, tampoco necesitamos esa validación (aunque no me opongo a la investigación empírica). Presento las conclusiones de estas investigaciones simplemente para demostrar que incluso la investigación secular no promueve una superioridad de los medicamentos en el tratamiento de todas las severidades de la depresión.

Es importante recordar que no todos los síntomas psiquiátricos responden equitativamente bien a la psicoterapia y a los medicamentos. He estado subrayando el tratamiento para la depresión, el cual muestra gran variedad de síntomas y severidad. Otros problemas, tales como los síntomas psicóticos de la esquizofrenia o la manía del trastorno bipolar, generalmente requieren el uso de medicamentos para una estabilización inicial y una gestión a largo plazo. Generalmente, no puedes sacar a alguien de sus delirios y alucinaciones con solo hablarle. Sin embargo, un enfoque multifacético que incluye la consejería y otras intervenciones sociales es apropiado una vez que la psicosis ha sido estabilizada con medicamentos. Existe evidencia de que aquellos con psicosis que reciben TCC en adición a su medicamento tienen menor sufrimiento y menor déficit funcional aun si (por ejemplo) sus alucinaciones auditivas no se han remediado (probablemente porque sus interpretaciones de esas voces ha cambiado).[9] Adicionalmente, un estudio reciente mostró que las personas con un primer episodio de psicosis consistente con la esquizofrenia obtuvieron mejores resultados (mejora de síntomas, empleo o asistencia a la escuela más consistente, relaciones de mayor calidad) cuando estaban recibiendo consejería regular (específicamente, la "terapia individual centrada en la resiliencia") y apoyo activo familiar (junto con los medicamentos estándares) que cuando ellos no estaban recibiendo intervenciones más allá de los medicamentos usuales y el manejo estándar de caso.[10] Eso no debería sorprendernos a nosotros como cristianos, porque sabemos que Dios nos diseñó para vivir en una comunidad de relaciones intencionales y significativas.

Por tanto, ¿qué deberíamos concluir de toda esta información, particularmente con respecto a los antidepresivos? Parece que funcionan —es decir, mejoran el estado de ánimo y otros síntomas de depresión— en algunas personas, algunas veces, pero ciertamente no son una "cura mágica", como algunos los presentan. Aun si concluimos que los medicamentos son o pueden ser efectivos para una persona en particular, estos solamente abarcan una parte del tratamiento total a la persona. La investigación secular muestra también la importancia crucial y la eficacia de la psicoterapia, como mencioné. Adicionalmente, como creyentes esperamos no solamente una reducción de los síntomas sino también un crecimiento tangible en el amor a Dios y el amor a otros. Una mejora del estado de ánimo puede tener relación con estas cosas, ¡pero no necesariamente!

Los medicamentos bien pudieran cambiar la neurotransmisión en el cerebro humano a niveles microscópicos; ellos ciertamente están asociados con cambios en el patrón de la actividad cerebral a niveles "macroscópicos" en imágenes cerebrales "en vivo" tales como las tomografías por emisión de positrones (escáner PET, por sus siglas en inglés) y las resonancias magnéticas funcionales (RMNf). Pero además, otras formas seculares de consejería tales como la TCC han probado ser similarmente efectivas en cambiar patrones cerebrales.[11] En ese sentido, tanto la medicación como las varias formas de consejería funcionan biológicamente: la medicación de manera directa y la consejería de manera indirecta.[12]

Como noté anteriormente, mi propósito aquí no es probar científicamente el valor de la consejería pastoral/bíblica al compararla con la efectividad de varias psicoterapias.[13] Más bien, mi objetivo es simplemente hacerte pensar en el hecho de que ayudar a una persona que enfrenta estas dificultades a evaluar sus emociones y pensamientos y alinearlos con la realidad influye en el cambio en la depresión. Dios no omite el cuerpo en el proceso de santificación. En la medida en que los pensamientos, emociones, deseos, motivaciones y acciones de una persona se alineen con la manera de vivir revelada en las Escrituras, nuestros patrones neuronales deberían mostrar esa realidad.

14

CAMINANDO SOBRE LA CUERDA FLOJA DE LA SABIDURÍA

Hemos evaluado la información bioquímica sobre el uso de los medicamentos, pero ¿cómo deberíamos evaluar el uso de medicamentos desde una perspectiva más explícitamente bíblica? Es importante recordar que existimos como criaturas con cuerpo y espíritu. Somos simultáneamente cuerpo y alma. Nunca hay un solo momento en que no estemos involucrados espiritualmente. Esto significa que en el ministerio es obligatorio prestar atención tanto al aspecto físico como al espiritual de nuestra personalidad. Es profundamente deshumanizador ignorar el "corazón": nuestra disposición moral-espiritual y las responsabilidades que van con ella. Es profundamente deshumanizador ignorar el cuerpo y las fortalezas y debilidades que le acompañan.

¿Qué verdades bíblicas y teológicas proveen dirección? *Podría* mirar los pasajes en las Escrituras donde la atención al cuerpo se menciona explícitamente como un enfoque de "tratamiento": esos pasajes incluyen 1 Reyes 19 (donde Dios prescribió dormir, comer y beber para Elías) y 1 Timoteo 5:23 (donde Pablo instó a Timoteo a tomar un poco de vino para su padecimiento estomacal). Sin embargo, asumo que las doctrinas de la creación, la encarnación y la resurrección (entre otras) demuestran el valor crucial que Dios le da a nuestros cuerpos. Por lo tanto, comienzo con la premisa de que el cuerpo es un "blanco" apropiado para el ministerio, de la misma manera que nuestra disposición moral-espiritual claramente lo es. Así que mi enfoque estará en otros aspectos de la verdad bíblica que informan el uso o no uso de medicamentos para el cristiano.

Permíteme discutir algunas cosas que mantengo en mente mientras considero el uso de los medicamentos. Puedes llamar esta estrategia "caminando sobre la cuerda floja de la sabiduría" porque verás que un enfoque bíblico equilibra diferentes prioridades de ministerio.

Caminar sobre la cuerda floja de la sabiduría no es una práctica que se aplica únicamente a este asunto. La necesidad de sabiduría es característica de la manera en cómo vivimos nuestra fe cristiana cada día. Considera el contraste entre los Proverbios 26:4 y 26:5: "No respondas al necio según su necedad, o tú mismo pasarás por necio" (26:4); "Respóndele al necio como se merece, para que no se tenga por sabio" (26:5). ¡Aquí tenemos versículos consecutivos que describen diferentes formas de dirigirse a una persona necia! ¿Respondo o no respondo a un necio? ¡Depende! Ambas son respuestas bíblicas apropiadas pero, dependiendo de la persona y de la situación (¡y el estado de mi propio corazón!), puedo optar por vivir el versículo 4 o puedo optar por vivir el versículo 5 en ese momento.[1]

Verás una ponderación similar de varios factores mientras observamos las perspectivas bíblicas que nos ayudan a evaluar el uso o no de medicamentos. ¿Deberíamos usar medicamentos o no? Alerta de *spoiler:* ¡Depende!

15

ALIVIANDO Y REDIMIENDO EL SUFRIMIENTO

Idea principal: Es un plan del reino aliviar nuestro sufrimiento y es un plan del reino redimirnos (transformarnos) a través del sufrimiento.

Cuando el reino viene en Cristo Jesús, ves de dos maneras lo que está en el corazón de Dios con respecto al sufrimiento. Primero, es el diseño de Dios aliviar el sufrimiento que surgió como resultado de la caída. Considera cómo Marcos 1 describe las actividades del ministerio de Jesús: enseñar, hacer exorcismos, sanar a quienes tenían varias enfermedades, orar y limpiar un leproso. Pedro lo dijo de esta manera a Cornelio:

> Me refiero a Jesús de Nazaret: cómo lo ungió Dios con el Espíritu Santo y con poder, y cómo anduvo haciendo el bien y sanando a todos los que estaban oprimidos por el diablo, porque Dios estaba con Él (Hch 10:38).

Claramente una marca de la irrupción del reino es el alivio del sufrimiento. La redención que Jesús ofrece llega en efecto a cada rincón que el pecado afectó. El alivio del sufrimiento es algo bueno y necesario. De hecho, la historia está avanzando hacia eso; en los nuevos cielos y la nueva tierra no habrá ni llanto ni dolor (Ap 21:4). Así que cuando procuramos traer alivio al sufrimiento ahora, estamos en armonía con el plan redentor de Dios. El puritano Jeremiah Burroughs dijo que el contentamiento "no se opone a toda búsqueda legítima de ayuda en diferentes circunstancias, ni a esforzarse simplemente por salir de las aflicciones actuales mediante el uso de medios legítimos".[1] Creo que los medicamentos ciertamente pueden ser uno de esos medios legítimos. No hay nada inherentemente malo en buscar alivio del sufrimiento presente.

Ahora bien, tú puedes ver un segundo hilo de enseñanza en el Nuevo Testamento: En el diseño de Dios, Él redime la experiencia de sufrimiento para los creyentes debido a su unión con Jesús, el Siervo Sufriente. Pablo llama a esto "participar en" los sufrimientos de Jesús (Fil 3:10). En virtud de nuestra unión con Cristo, Dios está obrando en medio de nuestro sufrimiento, moldeándonos a la imagen de Cristo. Esta es la entrada misma a experimentar el poder y la gloria de Su resurrección. Esta es una perspectiva tan importante en el Nuevo Testamento que quiero tomar el tiempo de mencionar varios pasajes en los cuales esta enseñanza es central:

> Lo he perdido todo a fin de conocer a Cristo, experimentar el poder que se manifestó en Su resurrección, participar en Sus sufrimientos y llegar a ser semejante a Él en Su muerte. Así espero alcanzar la resurrección de entre los muertos (Fil 3:10-11).

El Espíritu mismo le asegura a nuestro espíritu que somos hijos de Dios. Y, si somos hijos, somos herederos; herederos de Dios y coherederos con Cristo, pues, si ahora sufrimos con Él, también tendremos parte con Él en Su gloria (Ro 8:16-17).

Queridos hermanos, no se extrañen del fuego de la prueba que están soportando, como si fuera algo insólito. Al contrario, alégrense de tener parte en los sufrimientos de Cristo, para que también sea inmensa su alegría cuando se revele la gloria de Cristo (1P 4:12-13).

Ahora me alegro en medio de mis sufrimientos por ustedes, y voy completando en mí mismo lo que falta de las aflicciones de Cristo, en favor de Su cuerpo, que es la iglesia (Col 1:24).

Hermanos, no queremos que desconozcan las aflicciones que sufrimos en la provincia de Asia. Estábamos tan agobiados bajo tanta presión que hasta perdimos la esperanza de salir con vida: nos sentíamos como sentenciados a muerte. Pero eso sucedió para que no confiáramos en nosotros mismos, sino en Dios, que resucita a los muertos (2Co 1:8-9).

Pero Él me dijo: "Te basta con mi gracia, pues mi poder se perfecciona en la debilidad". Por lo tanto, gustosamente haré más bien alarde de mis debilidades, para que permanezca sobre mí el poder de Cristo. Por eso me regocijo en debilidades, insultos, privaciones, persecuciones

> y dificultades que sufro por Cristo; porque, cuando soy débil, entonces soy fuerte (2Co 12:9-10).[2]

El antiguo profesor de seminario Richard B. Gaffin, Jr. resume estos pasajes con las siguientes palabras:

> Es tan natural para nosotros asociar el sufrimiento solamente con la espera de la segunda venida de Cristo y ver el sufrimiento solamente a la luz de lo que aún no tenemos en Cristo; pero cuando esto sucede, hemos perdido de vista el hecho crucial de que, en el Nuevo Testamento, el sufrimiento del cristiano siempre es visto dentro del contexto de la venida del reino de Dios en poder y como una manifestación de la vida resucitada de Jesús.[3]

En otras palabras, Dios está obrando de manera redentora en medio de nuestros sufrimientos en virtud de estar unidos a Aquel cuyo sufrimiento finalmente condujo a la resurrección y a la gloria.

Así que, si bien aliviar el sufrimiento es una prioridad del reino, el hecho de perseguir mero alivio sin una visión del plan de transformación de Dios en medio de nuestro sufrimiento puede eludir todo lo que Él quiere hacer en la vida de la persona. Otra manera de expresar esto es que deberíamos estar alegres por los síntomas de alivio pero simultáneamente buscar el diverso fruto del Espíritu: perseverancia en medio del sufrimiento, una confianza más profunda en el amor del Padre, una esperanza más firme, amor por los compañeros que sufren, gratitud, y más.

16

PELIGROS PARA EL CRECIMIENTO ESPIRITUAL

Idea principal: Demasiado sufrimiento puede ser "peligroso" para el crecimiento espiritual y muy poco sufrimiento quizá sea "peligroso" para el crecimiento espiritual.

Esto está relacionado con mi primer punto. ¿Qué quiero decir? Simplemente esto: Es difícil encontrar el "punto ideal" para el crecimiento espiritual. En medio del sufrimiento intenso, sea que se derive del cuerpo o de otras fuentes (conflicto relacional, circunstancias difíciles de la vida), a menudo hay una mayor tentación de llegar a ser temerosos, estar enojados o resentidos. Esto sucedió con los israelitas en el desierto. Habían experimentado el poder redentor de Dios al sacarlos de la cautividad, pero a pesar de la provisión de Dios sucumbieron ante la tentación de dudar de Su bondad en medio de las dificultades del desierto. O considera la respuesta de la esposa de Job en medio de su sufrimiento: "Maldice a Dios y muérete" (Job 2:9). El sufrimiento extremo provoca que nuestros corazones teman y se enojen. Como hemos visto, no es algo malo buscar liberación del sufrimiento intenso y esto puede ser hecho de manera piadosa, no como los israelitas ni la esposa de Job. Por ejemplo, muchos Salmos proveen un modelo de clamor a Dios con integridad y humildad en medio de las dificultades y la aflicción (Sal 10, 22, 44, 73, 77 y 88, por mencionar unos pocos).

Al mismo tiempo, una falta de sufrimiento puede traer la tentación de simplemente olvidar que "en Él vivimos, nos movemos y existimos" (Hch 17:28). Ciertamente podemos ser tentados hacia la complacencia y la autosuficiencia cuando la vida es relativamente fácil. Este fue parte del problema que el pueblo de Dios experimentó una vez que dejaron el desierto y entraron en la Tierra Prometida. Su dependencia de Él menguó en medio de las bendiciones materiales (Dt 8:10-14; Jue 2:10-12). Ves ese mismo patrón en David (2S 12:7-9) y Salomón (1R 10 – 11).

Somos propensos a alejarnos de Dios cuando la vida es difícil y cuando es fácil. Quizá esta es la razón por la que el escritor de Proverbios ora: "Aleja de mí la falsedad y la mentira; no me des pobreza ni riquezas, sino solo el pan de cada día. Porque teniendo mucho, podría desconocerte y decir: '¿Y quién es el SEÑOR?'. Y teniendo poco, podría llegar a robar y deshonrar así el nombre de mi Dios" (Pro 30:8-9).

Aquí hay otra manera de expresar esta misma verdad: El contentamiento centrado en Dios es escurridizo en la necesidad o en la abundancia. Ninguna de estas situaciones es la "ideal" para el crecimiento espiritual en un mundo caído. Pablo subraya esto en Filipenses 4:11-13. Él aprendió el secreto de "vivir en todas y cada una de las circunstancias, tanto a quedar saciado como a pasar hambre, a tener de sobra como a sufrir escasez". Él buscó la fortaleza de Cristo en todas las situaciones.

¿Qué significa esto con respecto al uso o no uso de los medicamentos? No te apresures a rechazar el sufrimiento, como si el alivio inmediato de las pruebas fuera lo único bueno que Dios estuviera haciendo. Y no pienses que es más "espiritual" abstenerse de tomar medicamentos, como si la purificación del carácter a través del sufrimiento fuera lo único bueno que Dios estuviera haciendo. No escogemos nuestro sufrimiento de manera masoquista. Sin embargo, somos llamados a vivir la vida andando en las pisadas de nuestro Salvador sufriente. Cristo nos enseña un estilo de vida dependiente y centrado en la cruz (Lc 9:23). Y esto es verdad en todas las situaciones de la vida.

17

¿DONES O DIOSES?

Idea principal: Los medicamentos son regalos de la gracia de Dios y los medicamentos pueden ser usados idolátricamente.

Creo que es correcto ver el desarrollo de los medicamentos psicoactivos como un buen regalo de Dios, una extensión de la función de dominio y administración que Él le dio a la humanidad en la creación (Gn 1:26-28). En el mejor de los casos, el descubrimiento científico explora el mundo de Dios en toda su asombrosa complejidad y busca aliviar algo de la miseria que experimentamos como criaturas caídas en un mundo caído. Como tal, deberíamos recibir los medicamentos con gratitud y humildad, pero sin olvidar Quién ha dado el talento y la sabiduría necesaria a los científicos y médicos para descubrir tales remedios. En última instancia, solamente Él sostiene todas las cosas con Su diestra victoriosa (Is 41:10).

Tristemente, sin embargo, he conocido personas que son mejores evangelistas de la fluoxetina (Prozac) que del Dios vivo. En lugar de ver la medicina simplemente como un componente del enfoque del tratamiento completo del cuerpo y del alma centrado en Dios, ellos la ven casi como si fuera su salvación.

Por definición, esto es idolatría: atribuir poder y ayuda suprema a algo que no sea nuestro Dios trino. Si un aconsejado cree que lo que *al fin y al cabo* importa es ajustar la dosis de su paroxetina (Paxil), y encuentra que la discusión sobre cosas espirituales es superflua o irrelevante, eso es un problema.

La manera en que una persona responde cuando el medicamento funciona —o no funciona— revela su postura básica ante Dios. La acción de gracias y una más ferviente búsqueda de Dios a raíz del éxito en el uso del medicamento dice una cosa; una falta de gratitud y el olvido de Dios impulsado por el deseo de comodidad dice otra cosa. Un compromiso de confiar en la fidelidad y bondad de Dios después de conocer que el medicamento falló dice una cosa; una desconfianza amarga y quejumbrosa de Su voluntad dice otra.

Así que, recibe el regalo pero sobre todo pon tus ojos en el Dador. Ya sea que un medicamento "funcione" o no, *Él* siempre está obrando a tu favor.

18

BUENAS Y MALAS MOTIVACIONES

Idea principal: Una persona puede tener malas motivaciones para querer tomar medicamentos y una persona puede tener malas motivaciones para no querer tomar medicamentos.

A menudo, el problema más importante en el uso de medicamentos es la actitud de la persona a la que estás ministrando. No se trata de si los medicamentos psicoactivos son "buenos" o "malos" en sí mismos. Más bien, lo que marca la diferencia es la forma en que la persona ve y maneja un posible tratamiento. Yo he tenido aconsejados que desean ser referidos a un medicamento de inmediato sin un deseo real de examinar sus anhelos, temores, pensamientos, decisiones y estilo de vida. Y he tenido aconsejados que se resisten a la recomendación de considerar el uso de medicamentos para su propio bien. Permíteme explicar estos dos escenarios.

¿Cuáles son algunas razones problemáticas de querer tomar medicamentos? La primera razón es una exigencia de tener un alivio inmediato junto con duda sobre los beneficios de examinar los asuntos subyacentes potenciales. Recuerdo haberme reunido en una ocasión con un hombre joven que tenía un historial reciente de ansiedad asociada con el hablar en público. Algunas de las cosas que mencionó apuntaban a tendencias subyacentes de complacer a las personas y temor al fracaso, ¡lo cual amerita mucho trabajo desde la perspectiva del evangelio! Pero él no tenía interés en recibir consejería. Él no estaba interesado en considerar la perspectiva del evangelio sobre su lucha. En cambio, él había pedido una cita conmigo con el único propósito de que yo le recomendara un proveedor que le pudiera prescribir un medicamento ansiolítico.

Una segunda motivación cuestionable del deseo de tomar medicamentos implica ceder a las presiones de otros. La familia y los amigos pueden presionar para que se tomen medicamentos debido a su propia incomodidad al ver el sufrimiento de sus seres queridos. En ocasiones la presión refleja un deseo egoísta de regresar a su ser querido a un estado normal para que la vida sea más fácil para *ellos*.

Sin embargo, también existen razones problemáticas para *no* querer tomar medicamentos. Resistirse a los medicamentos puede ser un asunto de orgullo y autosuficiencia: "Yo debería ser suficientemente fuerte para vivir sin medicamentos". O la versión más espiritualizada: "Yo debería, con más confianza en Dios, superar esto sin medicamentos". Otra razón puede ser el temor a la desaprobación y al juicio de otros: "¿Qué pensará la gente?". Aún otra preocupación es la vergüenza: "Seguramente algo está seriamente mal en mí si tengo que tomar estos medicamentos".

A pesar de que algunas personas luchan con estas motivaciones aberrantes, muchos sinceramente desean crecer en Cristo en medio de su sufrimiento mental y simplemente se preguntan sobre las ventajas y desventajas de los medicamentos. Muchos correctamente se preguntan sobre los efectos secundarios potenciales de usar medicamentos. Estas personas prudentes continúan abiertas a la posibilidad de comenzar —o no comenzar— el uso de medicamentos, lo cual es una postura sabia delante del Señor.

Una nota final: A menos de que tengas una licencia para prescribir medicamentos, tú no recomendarás como tal que alguien tome (o no tome) medicamentos. La decisión de comenzar a tomar medicamentos debería tomarse en consulta con un médico de confianza. Es apropiado que un pastor o un consejero recomiende tal consulta o evaluación (aunque muchas personas ya han visto a su médico antes de ver a un consejero). Ampliaré este punto más adelante en el capítulo titulado "Poniéndolo todo junto".

19

LOS MEDICAMENTOS Y EL CORAZÓN, PARA BIEN Y PARA MAL

Idea principal: Usar medicamentos puede hacer más difícil tratar los asuntos morales-espirituales y no usar medicamentos puede hacer más difícil tratar los asuntos morales-espirituales.

Las Escrituras se refieren a nosotros como seres unificados, que tienen tanto un aspecto espiritual como un aspecto físico.[1] Dado que somos plenamente integrados, criaturas con cuerpo y espíritu (corazón), no es de sorprender que la fortaleza o debilidad física nos impacte espiritualmente y viceversa, pero aquí me enfocaré en el impacto que nuestra constitución física tiene en nuestra vida espiritual.

Aquí hay un ejemplo simple. Digamos que por varias razones fuera de tu control has dormido muy poco durante la semana pasada. Estás agotado; te es difícil concentrarte. Te das cuenta de que eres más susceptible a quejarte y a ser impaciente. Ves la vida a través de unos lentes grises. Entonces logras tener dos buenas noches continuas de sueño. De repente, tu mundo es más alegre. Tienes una nueva vitalidad, tanto física como espiritual. Ser paciente y bondadoso no requiere tanto esfuerzo. ¿Qué sucedió? Un "tratamiento" físico —¡dormir!— impactó tu vida espiritual. Los asuntos del corazón, la queja e irritabilidad, ahora son menos prominentes. Eso no es algo necesariamente malo; *somos* llamados a ser sabios administradores de nuestro cuerpo. Es importante dormir bien durante la noche. Sin embargo, en nuestra fortaleza (con el buen descanso) no debemos olvidar nuestras tendencias pecaminosas hacia el enojo y la queja que fueron reveladas en nuestra debilidad. Estar cansados no nos da licencia para tratar mal a otros. Al mismo tiempo, no "invitamos" un mayor estrés sobre nuestro cuerpo para provocar y probar nuestro corazón, como si tuviéramos el poder de organizar las condiciones para un crecimiento espiritual óptimo. Nuestro *Padre* obra dándonos "paz en el dolor".[2] Una vez más, nosotros no *escogemos* el sufrimiento como si el dolor en sí mismo fuera noble.

¿Cómo se relaciona esto con el uso de medicamentos psicotrópicos? Mejorar los síntomas de alguien (de ansiedad, por ejemplo) no trata necesariamente con los temores y deseos subyacentes que pueden estar presentes. ¿Puede uno sentirse mejor? Sí. De nuevo, puede que esto no sea algo malo en sí mismo; recuerda el comentario de Jeremiah Burroughs que mencioné anteriormente sobre buscar alivio. Pero ¿continúa la persona empeñada en tratar los asuntos espirituales que subyacen su ansiedad ahora que esas tendencias son menos visibles en la vida día a día? Si el perfeccionismo, una búsqueda de éxito material y el temor al fracaso subyacen a tu ansiedad en un nuevo trabajo, ¿estás dispuesto a abordar ante todo esos deseos torcidos? ¿Tienes el compromiso de tratar con los factores espirituales que contribuyen a tu experiencia de ansiedad? Por ejemplo, si tu ansiedad está asociada con demandas exageradas en el trabajo, ¿estás dispuesto a tratar esta situación con tu jefe? En mi experiencia, los creyentes más maduros recuerdan lo que vieron en el espejo y continúan llamando a su alma a la obediencia en pensamiento, palabra y acción (Stg 1:23-25) aún cuando usen medicamentos. Ellos reconocen la importancia de evaluar y cambiar factores contextuales, ya sea tomando o no tomando medicamentos. Sin embargo, también he tenido personas las cuales, después de mejorar sus síntomas con el uso de medicamentos, asumen que ya no hay necesidad de continuar trabajando.

Por otro lado, hay situaciones, aunque más extremas, en las cuales fallar en usar medicamentos puede hacer más difícil tratar con la vida espiritual de la persona. Aconsejé a una joven que cursaba un programa universitario demandante y presentaba insomnio, depresión, ansiedad severa y pensamientos suicidas. Si bien sus pensamientos suicidas disminuyeron con la simple acción de expresarlos conmigo y con una amiga, sus otras luchas no disminuyeron. Ella podía afirmar intelectualmente las promesas de Dios, pero parecía que su alma estaba cubierta con teflón; las verdades de las Escrituras parecían no causar efecto alguno. Aunque esta desconexión nos sucede en cierta medida a todos nosotros, parecía particularmente prominente para ella.

Después de varias reuniones, vi cómo mucho de su persistente cansancio, resultado del insomnio, era parte de un ciclo vicioso. Por un lado, podías afirmar que su insomnio, resultado de su ansiedad, era fruto de su temor e incredulidad; como tal, debía ser el blanco principal de la ministración a su alma. Por otro lado, podías afirmar que su cansancio físico estaba provocando que fuera más difícil para ella responder con una fe robusta. *Ambas* perspectivas proveen una avenida apropiada para el ministerio. Al final, consideré necesario que viera a un médico para recibir un tratamiento a corto plazo de medicamentos para dormir, lo cual le beneficiaría para romper el ciclo negativo en el cual estaba. Y de hecho, así sucedió. Al dormir mejor, sus problemas no desaparecieron mágicamente; ella continuó luchando con la ansiedad. Sin embargo, ella fue capaz de internalizar realidades espirituales y verdaderamente comenzar a relacionarse con Dios, tratando con asuntos tales como el perfeccionismo, el legalismo y el temor al hombre, los cuales eran las causas principales de su ansiedad y desesperación.

Piénsalo de esta manera: Usar medicamentos en situaciones específicas puede ser análogo a calmar la superficie de las aguas para permitir la exploración en las profundidades del océano. No puedes tener una expedición de buceo si hay una tempestad en la superficie del agua. Algunas situaciones en las que tal "calma" puede ayudar incluyen (pero no necesariamente se limitan a) las alucinaciones y delirios de la psicosis (ya sea asociado con la esquizofrenia o con la manía) y la ansiedad o la depresión severa o continua, particularmente si está asociada con pensamientos y planes suicidas. Estos casos extremos muestran con claridad la necesidad de obtener un comentario médico sabio adicional. Pero vivimos en una cultura que no tolera *ni una* pizca de "aguas turbulentas", sino que anhela la comodidad de las aguas calmadas como un espejo. (¡Sé que esa es *mi* tentación!). Esto contribuye al uso excesivo de medicamentos psicoactivos en algunas personas que solamente desean una solución rápida; ellos realmente no quieren probar el fruto que viene de perseverar a través de aguas agitadas.

¿Tomar medicamentos puede ayudar en la santificación? Sí, ¡de la misma manera en que el descanso adecuado puede ayudar en la santificación! Esto no quiere decir que puedas comprar la santidad en una píldora. Sin embargo, el uso de los medicamentos en ciertas situaciones puede ayudar con las condiciones del cuerpo de manera que se permita un mayor florecimiento espiritual.

20

PONIÉNDOLO TODO JUNTO

¿Qué hemos visto hasta ahora? El testimonio científico es diverso. Si bien es cierto que los medicamentos psicoactivos pueden ayudar a cierto porcentaje de individuos, los beneficios no llegan al nivel pregonado por las compañías farmacéuticas y la opinión popular. Además, estos medicamentos pueden estar asociados con efectos secundarios considerables. Hemos visto que bíblicamente un ministerio centrado en el evangelio tiene como meta tratar tanto los aspectos físicos como los aspectos morales-espirituales de la vida, y que tanto el alivio del sufrimiento como la perseverancia en medio del sufrimiento son consistentes con el diseño de Dios. También notamos la interdependencia del cuerpo y el espíritu. Dadas las perspectivas científicas y bíblicas, ¿cuál debería ser nuestra práctica en la consejería y el ministerio interpersonal con respecto a los medicamentos psicoactivos?

Espero que hayas visto que no hay una respuesta "correcta" o "incorrecta" totalmente obvia. No hay una "regla" universal que podamos aplicar a todas las personas todo el tiempo. No existe un simple algoritmo. En cambio, el uso de estos medicamentos es un asunto de *sabiduría*, que debe ser tratado individualmente con quienes aconsejamos. Siempre habrá una mezcla de puntos positivos y puntos negativos que se deben considerar cuidadosamente. Debemos preguntarnos: "¿Qué es lo más sabio para esta persona en particular con estos problemas en particular en esta situación en particular?". Es más común tratar con el sufrimiento de la persona sin usar medicamentos. Sin embargo, en algunos casos, después de hacernos esa pregunta, nos inclinaremos a hacer preguntas que exploren causas físicas potenciales y correlacionales del problema de la persona al recomendar una evaluación para considerar el uso de medicamentos. Nota cómo elaboré esa frase: "recomendar una evaluación para considerar...". Yo no estoy obligando. Yo no estoy haciendo una recomendación definitiva. Simplemente estoy sugiriendo una evaluación para considerar si el medicamento debería ser parte del enfoque holístico en el trato del problema. Tal evaluación puede también revelar problemas médicos mayores que se están enmascarando y presentando como trastornos psicológicos. Por ejemplo, en alguien con un nuevo episodio de ansiedad (especialmente si no está ligado de manera clara a factores situacionales), un médico probablemente verificaría la función tiroidea, ya que una tiroides hiperactiva puede estar asociada con síntomas psicológicos consistentes con la ansiedad. En ese caso, es justificado someterse a un tratamiento básico y específico para la condición de la tiroides, pero no a un medicamento ansiolítico.[1]

Es más probable que yo recomiende una evaluación médica cuando cualquiera de los siguientes escenarios esté presente:

- los síntomas son severos y persistentes,

- los síntomas no disminuyen a pesar de la participación de la persona en el proceso de consejería, o
- existe el riesgo de suicidio.[2]

Te animo a que desarrolles una relación con un psiquiatra sabio y de confianza que comparta tus convicciones bíblicas sólidas y pueda proveer asesoría para este tipo de decisiones. Tal persona puede o no existir en tu localidad. ¡Son escasos los psiquiatras bien entrenados y clínicamente expertos cuya práctica está gobernada por una cosmovisión bíblica robusta! Otra opción puede ser un médico familiar o un internista con amplia experiencia en el uso de medicamentos psicoactivos. El punto es que los pastores y los consejeros bíblicos (¡y los consejeros seculares sabios también!) no tomen estas decisiones por sí mismos; la comunicación cercana con proveedores de servicios médicos es esencial.

A menudo, las personas vienen a mí cuando ya están usando medicamentos; la decisión de comenzar o no comenzar a usarlos no viene al caso. Esto es generalmente porque su médico de cabecera le ha prescrito tal medicamento, pero ellos quizás ya han visto también a un psiquiatra. Recuerda que la mayoría de medicamentos psicoactivos —particularmente los antidepresivos— son prescritos por médicos de cabecera. Pero usualmente, aun usando medicamentos, las personas con problemas se han dado cuenta de que los fármacos psicotrópicos no resuelven todos sus problemas. Aún necesitan ayuda con la reconciliación en el conflicto, o a caminar por fe y no en temor, o a tratar con cualquier número de problemas que la gente trae a la consejería. Hay mucho sobre lo cual discutir aparte de hablar sobre la utilidad o no utilidad de su medicamento. Ya sea usando o no usando medicamentos, la meta siempre es ayudar a una persona a crecer en amor por Dios y por su prójimo.

Permíteme ilustrar esto con una analogía ortopédica. Yo comparo el uso de medicamentos al uso de las muletas, y esta comparación no la hago en sentido peyorativo. Una persona puede experimentar diferentes lesiones en sus piernas que no requieran el uso de muletas. Él puede mostrar visiblemente su dolor; él puede cojear inicialmente, pero el problema es limitado y puede tratarse sin el uso de las muletas. Aquí puedo pensar, por ejemplo, en experiencias más leves de depresión, ansiedad y TOC, en las cuales los medicamentos (como las muletas) pueden no ser necesarios.

Otros requieren el uso de muletas para asistencia después de experimentar una lesión o cirugía de importancia. Las usan por un periodo de tiempo mientras sus cuerpos se recuperan. Aquí tengo en mente una depresión posparto bastante severa o ataques de pánico severos, que pueden tratarse con un corto ciclo de medicamentos. Aún otros tienen discapacidades más significativas y necesitan usar las muletas por un periodo extendido de tiempo o quizás de por vida, si la discapacidad es permanente. Aquí estoy pensando en problemas tales como la esquizofrenia y el trastorno bipolar, en los cuales el cerebro trastornado está teniendo una influencia más fuerte que otros factores contribuyentes en la expresión de la salud mental, y por lo tanto parece justificado el uso de los medicamentos a largo plazo.

Luego, existen ocasiones en las cuales alguien está dependiendo mucho de sus muletas y está en efecto impidiendo el progreso. Yo experimenté esto cuando era adolescente y me quebré el tobillo. Después de que el yeso fue quitado, se me instruyó a que soportara el peso hasta donde “lo tolerara”.

¡Pero no lo toleré muy bien! Continué usando mis muletas por un periodo extendido de tiempo porque al colocar peso sobre mi tobillo sentía dolor. En mi siguiente visita, el ortopedista me dijo que dejara de usar las muletas y aprendiera a soportar el peso, a pesar del dolor. Requirió arduo trabajo, pero aprendí a caminar nuevamente sin la ayuda de las muletas. El punto importante es que todos los problemas musculoesqueléticos son diferentes y hace falta sabiduría para saber cuándo es necesario el soporte adicional de las muletas y, si es el caso, por cuánto tiempo. Esto es verdad también con respecto a los medicamentos psicoactivos.

Por supuesto, la analogía es imperfecta. Es más fácil determinar cuándo alguien puede caminar sin ayuda o no. Es mucho más complejo evaluar lo que una persona puede o no puede hacer en medio del sufrimiento emocional. Siempre lucharemos para encontrar un sabio equilibrio entre la atención a los aspectos espirituales y físicos de nuestra personalidad. Algunas veces en retrospectiva concluiremos que debimos haber recomendado la posibilidad de medicamentos antes en la consejería. Otras veces concluiremos que nos precipitamos y que los medicamentos no eran la decisión más sabia después de todo. Sin embargo, podemos estar seguros de que ya sean los medicamentos parte del enfoque total de ministerio o no, Dios actúa soberanamente y "puede hacer muchísimo más que todo lo que podamos imaginarnos o pedir, por el poder que obra eficazmente en nosotros" (Ef 3:20). Él *llevará a cabo* la redención que comenzó en nosotros.

21

EL MARCO DE LA SABIDURÍA EN ACCIÓN

Para concluir, regresemos a los ejemplos en la introducción de la Parte 2 y veamos cómo este "marco de sabiduría" se ve en acción. ¿Cómo reaccionamos con la hermana de tu congregación que estaba experimentando depresión y ansiedad? ¡Sin duda deberíamos regocijarnos con los cambios notables en su vida! Pero ¿podemos decir por qué ella ha cambiado? Sin duda la fluoxetina (Prozac) podría estar produciendo efectos bioquímicos en el cerebro que han fomentado su crecimiento espiritual, dada la misteriosa interconexión entre el cuerpo y el espíritu. O ella podría estar experimentando un efecto placebo de la fluoxetina. O la fluoxetina pudiera no estar haciendo mucho en realidad, pero Dios mismo ha intervenido de manera providencial según Su plan en una forma nueva y más profunda. En última instancia, no puedo responder con toda seguridad sobre cuál es la causa fundamental de su problema. Pero mis metas en el ministerio hacia ella son las mismas: arraigar su seguridad en la justicia de Cristo de manera que eso la aleje del perfeccionismo, que se vuelva a Dios como su Padre quien está siempre presente para ayudarla en medio de su ansiedad y que se movilice sacrificialmente hacia otros en amor. Yo no haría que el tema de su medicamento fuera un enorme problema a tratar, aunque sí indagaría con respecto a su decisión de ver a su médico general. ¿Sintió que su progreso estaba siendo demasiado lento? ¿Sus familiares o amigos la instaron a hacerlo? ¿Cuál es su entendimiento del valor de la fluoxetina?

En algún momento en el futuro, si su crecimiento espiritual es constante y su depresión y ansiedad se mantienen bajo control, sugeriría hablar con su médico sobre la posibilidad de discontinuar su medicamento. La mayoría de los psiquiatras recomiendan tomar un antidepresivo de nueve a doce meses antes de la posibilidad de dejar de tomarlo. Esto asumiendo que la depresión no fuera recurrente; si fuera ese el caso, se podría considerar un ciclo más largo.

Eso no quiere decir que la meta final sea dejar de tomar el medicamento: ¡La meta final *es* ser más semejantes a la imagen de Jesucristo! La meta es "fe que actúa mediante el amor" (Gá 5:6), ya sea que estés bajo medicamentos o no. Pero no hay indicación, en este momento, por virtud de la severidad o duración de su problema, que ella necesite estar bajo medicamento a largo plazo. De hecho, el progreso (aunque lento) que ella estaba mostrando antes de tomar el medicamento apoya esa esperanza.

La segunda persona está experimentando la realidad de que el medicamento no es una panacea para sus obsesiones y compulsiones. Para él, no se trata solamente de que los medicamentos no hayan funcionado, sino que también los efectos secundarios le han causado mucho daño. Aunque yo tendría dudas acerca del beneficio de continuar con su régimen médico, no recomendaría que discontinuara el medicamento (o los medicamentos) él mismo. En cambio, sugeriría que hablara con su médico acerca de interrumpir el medicamento temporalmente para ver cómo le va. Si yo estuviera preocupado sobre la calidad y experiencia del médico que le está tratando, le recomendaría una consulta con un médico de confianza. Pero aparte de cualquier decisión sobre el medicamento, hay mucho trabajo por hacer al tratar sus obsesiones y compulsiones desde un marco centrado en el evangelio.

Por último, ¿cómo abordaría al hombre que tiene el diagnóstico bipolar y quiere parar su medicamento? Quiero tener un mejor y más completo conocimiento de la naturaleza de su problema con el paso del tiempo. ¿Cuándo fue diagnosticado? ¿Cuán severos son sus síntomas? ¿Ha tenido características psicóticas? ¿Ha tenido recaídas ya sea con o sin medicamento en el pasado? ¿Cuán disciplinado ha sido al tomar sus medicamentos? ¿Ha sido hospitalizado alguna vez? Cuánto más severo y recurrente sea su problema —y aquí yo podría recibir comentarios de su familia y amigos— mayor preocupación tendría sobre interrumpir la medicación. Idealmente buscaría tener su permiso para hablar con su psiquiatra de manera que el enfoque llegara a ser tan colaborativo como fuera posible. Yo no quisiera que él interrumpiera la medicación sin la supervisión del médico que se la prescribió.

Además, quiero entender por qué él cree que Dios quiere que esté sin medicamentos. ¿Cómo ha llegado a esa decisión? ¿A través de un proceso de dependencia en oración y el acompañamiento de otros que le conocen bien? ¿O ha sido su decisión impulsiva y altamente emocional? (Una nueva aparición de "super-espiritualidad" puede ser de hecho una señal de advertencia de manía). Si el hombre decide discontinuar sus medicamentos, él necesitará un monitoreo y un seguimiento cercano. Yo trabajaría de manera cercana con su psiquiatra, así como con los miembros de su familia y de su iglesia local.

Permíteme concluir esta porción del libro con algunas reflexiones. Somos criaturas con cuerpo y espíritu. No deberíamos sorprendernos de que un tratamiento físico, tal como los medicamentos, pueda estar asociado con un cambio sintomático y quizás más sustancial en la vida de las personas. El medicamento puede ser apropiado e incluso una parte necesaria del cuidado de algunos, dependiendo de la naturaleza específica del problema de la persona.

Sin embargo, debemos admitir que hay mucho misterio aún sobre cómo los medicamentos psicoactivos realmente funcionan en el cerebro humano. Buscamos ser balanceados en nuestra evaluación de la efectividad de los medicamentos. No los exaltamos ni los descartamos. Aún cuando vemos los medicamentos como una pieza potencial de un enfoque ministerial comprehensivo, siempre buscamos traer las riquezas de la redención de Cristo de manera que impacten la vida de las personas. Los pecadores siempre necesitarán la misericordia, la gracia, el perdón y el poder sobrenatural para amar a Dios y a su prójimo. Quienes sufren necesitarán siempre el consuelo, la esperanza y la voluntad para perseverar. En última instancia, *estas* bendiciones no se encuentran en un frasco de píldoras... sino en la persona de Cristo Jesús.

22

VISITANDO DE NUEVO A RICITOS DE ORO

Al concluir este libro, haz un inventario de tus respuestas. ¿Qué te llamó la atención? ¿Qué rechazaste? No espero que estés de acuerdo con todo lo que he dicho. Los asuntos de la salud mental son muy complejos y este recurso aborda solamente una porción de lo que es necesario para una teología práctica completa de la salud y la enfermedad mental. Pero mi esperanza es que si comenzaste con una postura extrema de "cálido" o "frío" con respecto a los diagnósticos y a los medicamentos psiquiátricos, hayas moderado algo de esa postura (o por lo menos estés más abierto a hacerlo). Si comenzaste con una postura moderada más sabia, consciente tanto de las limitaciones como de los beneficios de usar etiquetas y medicamentos psiquiátricos para aquellos con sufrimiento mental, confío que ahora tú tengas un fundamento biomédico y bíblico más robusto para continuar con tu ministerio.

Una ilustración final dará una imagen del sabio balance con el que deseo que te quedes. Hace varios años me reuní con

Tess, una mujer joven que había sido traída por su hermana mayor, con quien estaba viviendo temporalmente. Tess había estado viviendo con sus padres en otra parte del país pero, debido a crecientes temores y paranoia y al hecho de que sus padres debían viajar al extranjero durante varias semanas por su trabajo, la hermana de Tess la recibió. Los mismos problemas que sus padres notaron continuaban en esta nueva situación de su vida. Tess creía firmemente que sus vecinos de al lado estaban entrando en la casa de su hermana cuando la familia se encontraba fuera y estaban robando algunas de sus pertenencias. A través de la pared que compartían —la casa era un dúplex— Tess podía oír a sus vecinos susurrando y tramando el plan para entrar a robar en la casa. Sin embargo, la hermana confirmó que su casa estaba segura y que no había habido ningún robo. Ella era incapaz de escuchar las maliciosas conversaciones que Tess reportaba. Tess era incapaz de describir con exactitud lo que había sido robado, aunque esto era complicado porque ella estaba en transición y no tenía todas sus pertenencias en la casa de su hermana. Pero su hermana estaba convencida de que las pertenencias de Tess estaban seguras.

¿Cómo visualicé a Tess? ¿Cómo una mujer joven con delirios y alucinaciones auditivas? ¿Posiblemente con esquizofrenia? ¿Trastorno bipolar? ¿Trastorno esquizo afectivo? ¿Alguna otra categoría de diagnóstico? ¿O la visualicé como una mujer joven asustada en un lugar desconocido, profundamente preocupada por que sus pocas y apreciadas pertenencias pudieran ser robadas? La respuesta: ¡Sí! ¡Ambas cosas! Ciertamente yo tenía como prioridad consultar con un psiquiatra local para evaluar sus síntomas más a fondo, los cuales en efecto eran consistentes con la psicosis y para los cuales un medicamento antipsicótico bien podría traer alivio. Pero otra prioridad (la cual no tenía que esperar a un "diagnóstico definitivo") era ministrarle en medio de sus temores. Su sufrimiento era una experiencia real y presente, aunque su percepción del mundo no coincidiera con la realidad del resto de las personas. Su temor era genuino aunque estuviera basado en una premisa falsa.

En cierto sentido, ¿no es este el caso de todos nosotros cuando nos preocupamos? Nuestra percepción de la realidad en ese momento no incluye la verdad de que un Padre soberano, amoroso y bondadoso esté gobernando Su mundo y nuestras vidas para Su gloria y nuestro bien. En esos momentos vivimos como si nuestra existencia estuviera plagada de peligros en cada esquina, como si estuviéramos solos, como si lo peor que pudiera sucedernos siempre fuera a suceder, y como si nadie nos estuviera cubriendo las espaldas. Todo esto es simplemente falso. Así que, quizá no somos tan diferentes a Tess después de todo.

Esta es la razón por la cual las mismas promesas de las Escrituras que me alcanzan a mí —o a ti— en nuestros temores tienen el mismo potencial de ministrar a Tess en sus temores particulares. La tarea no era convencerla de que sus temores eran infundados —recuerda que generalmente no puedes sacar a alguien de sus delirios y alucinaciones al hablarle— más bien tomar sus temores en serio y ministrar el consuelo de la Palabra de Dios en medio de su ansiedad y sentido de pérdida.

Así que, después de escucharla describir su tristeza con respecto a la pérdida que verdaderamente sentía y su temor sobre lo que adicionalmente podía ser robado de sus pertenencias, dedicamos tiempo en Lucas 12:22-34, haciendo conexiones con su propia experiencia. Al ser creyente, el versículo 32 fue especialmente significativo para ella: "No tengan miedo, mi rebaño pequeño, porque es la buena voluntad del Padre darles el reino". Hablamos acerca del hecho de que Dios le ha dado a ella una posesión que nunca podrá perder ni le será robada: Su reino. Ella pertenece a Jesús y nada puede alterar o amenazar esa realidad. Tess podía contar con el tierno cuidado de su Pastor, quien tuvo el gozo de darle "una herencia indestructible, incontaminada e inmarchitable" (1P 1:4).

Me reuní con Tess solo en pocas ocasiones antes de que regresara a la casa de sus padres. Ella consultó un psiquiatra quien le prescribió una baja dosis de medicamento antipsicótico y concertó cuidado psiquiátrico para seguimiento en la región de sus padres. Los síntomas psicóticos de Tess no cambiaron considerablemente durante las semanas que me reuní con ella, pero su marco para tratar con sus temores llegó a estar más saturado de la verdad. Su temor, aunque aún presente, era moderado por la realidad de que Dios está siempre presente para ayudar en momentos de angustia (Sal 46:1) y que lo realmente importante no podía ser robado. Ella comenzó a experimentar una paz que sobrepasa todo (su) entendimiento (Fil 4:7). Este es un breve panorama del ministerio, el cual espero haya ganado impulso adicional en la iglesia local de Tess mientras sus preocupados y bondadosos hermanos y hermanas se acercaron a ella para asistirla.

Quizá tú estás ministrando a alguien como Tess ahora mismo. Quizá has luchado para encontrar sentido a su lucha y ayudarle de manera sabia, compasiva y holística. Espero que lo que he escrito reafirme tu confianza de que las Escrituras hablan amplia y profundamente a quienes están sufriendo angustia mental, ya sea que cumplan el criterio de diagnóstico psiquiátrico o no, y ya sea que tomen medicamentos psiquiátricos o no. Cualquiera sea el rol de ayuda que Dios te ha dado en la iglesia, oro que hayas sido animado a dedicarte a quienes sufren con pensamientos o emociones trastornadas, sabiendo que Dios mismo proveerá la sabiduría para cuidar tanto el cuerpo como la mente de quienes Él te ha confiado.

AGRADECIMIENTOS

Estoy agradecido por las oportunidades que he tenido para desarrollar y perfeccionar este material por medio de mi trabajo en la *Christian Counseling and Educational Foundation* (CCEF) [Fundación educacional de consejería cristiana]. En primer lugar, estoy agradecido por aquellos hermanos y hermanas que me confiaron sus historias cuando acudieron a mí para recibir consejería; me han enseñado mucho y han servido para separar el trigo de la paja en mi práctica de la consejería y el cuidado pastoral (un proceso continuo, sin duda). Estoy agradecido por haber presentado este material de forma más abreviada en la conferencia nacional de CCEF en el año 2011, titulada "Trastornos psiquiátricos". También me he beneficiado de las preguntas serias y comentarios profundos de los estudiantes cada otoño al impartir mi clase de *Consejería y fisiología*. Finalmente, porciones sustanciales de este libro fueron publicadas por primera vez como dos artículos en *The Journal of Biblical Counseling* (*JBC*): "Listening to Prozac... And to the Scriptures: A Primer on Psychoactive Medications" ["Escuchando al Prozac... y a las Escrituras: Un manual sobre medicamentos psicoactivos"], *JBC* 26, no. 1 (2012), 11-22 y "What's in a Name? Understanding Psychiatric Diagnoses" ["¿Qué hay en un nombre? Comprendiendo los diagnósticos psiquiátricos"], *JBC* 30, no. 1 (2016): 66-93. ¡Gracias a los editores de *JBC*, Kim Monroe y Lauren Whitman, que se encontraron con este material en una forma mucho menos refinada!

Mis colegas de la facultad en CCEF —David Powlison, Ed Welch, Winston Smith (ahora clérigo a cargo de la iglesia episcopal St. Anne's en Abington, Pensilvania), Julie Lowe, Todd Stryd, Cecelia Bernhardt, Alasdair Groves, Aaron Sironi y Monica Kim— hemos tenido muchas conversaciones esclarecedoras a lo largo de los años y por ello estoy en deuda con ustedes.

Estoy agradecido por el estímulo para escribir que recibí de David Powlison, el Director Ejecutivo de CCEF, y de Jayne Clark, nuestro jefe de personal (¡y aún más agradecido por organizar mis responsabilidades semanales de tal manera que escribir fuera realmente posible!). El enfoque matizado de la "tercera opción", tan característico del ministerio de CCEF, está incorporado en la vida y el ministerio de David. Estoy agradecido por su guía a lo largo de los años.

El Dr. John Applegate ha brindado una atención psiquiátrica excepcional para muchos en la región de Filadelfia a lo largo de los años. Aún más, él ha sido un amigo sabio, piadoso y un compañero de conversación atento. En medio de un horario muy ocupado, proporcionó comentarios útiles sobre los primeros borradores de este material, y también ayudó en la localización de varias referencias de la literatura psiquiátrica. ¡Algún día, tal vez, pueda unirme a él más regularmente para unas rondas de *disc golf*!

Agradezco a Mark y Karen Teears en New Growth Press por la oportunidad de publicar nuevamente con ellos y por la gentil persuasión de Barbara Juliani de hacer realidad este libro. Finalmente, agradezco a Sue Lutz, cuya hábil edición ha hecho de este un mejor recurso para la iglesia. Ha sido un placer trabajar con ella nuevamente.

Sigo profundamente agradecido de tener dos personas que me llaman "papá" todos los días: mis hijos, Lydia y Luke. Estoy muy orgulloso de ellos y de cómo están creciendo en Cristo Jesús. Me ayudan a mantenerme conectado a la realidad.

Por último, mi esposa Jody y yo celebraremos veinte años de matrimonio en agosto de 2017. Soy el hombre más bendecido de todos.

NOTAS DE TEXTO

1. EL DIAGNÓSTICO ES INEVITABLE

1 Peter D. Kramer, *Listening to Prozac* [*Escuchando a Prozac*] (New York: Penguin Books, 1997), 68.

2 American Psychiatric Association. *Manual diagnóstico y estadístico de los trastornos mentales*, [DSM-5], 5ª Ed. (Madrid: Editorial Médica Panamericana, 2014).

2. ¿CÓMO SON DIAGNOSTICADOS LOS PROBLEMAS PSIQUIÁTRICOS?

1 *JAMA* [*La Revista de la Asociación Médica Americana*] 43 (1904):740-41.

2 *DSM-5*, 20.

3 Para una discusión más amplia sobre cómo la Escritura visualiza nuestro pensamiento, afectos, emociones, voluntad y comportamiento como facultades morales-espirituales (es decir, como un reflejo de nuestra relación con Dios), véase Michael R. Emlet, "Understanding the Influences on the Human Heart" ["Entendiendo las influencias sobre el corazón

humano"], *The Journal of Biblical Counseling* [*La Revista de Consejería Bíblica*] 20, no. 2 (2002): 47-52.

4 *DSM-5*, 372-373.

3. ¿CÓMO LLEGAMOS HASTA AQUÍ?

1 Ver T. M. Luhrmann, *Of Two Minds: An Anthropologist Looks at American Psychiatry* [*De dos mentes: un antropólogo examina la psiquiatría estadounidense*] (New York: Vintage, 2001). David Powlison nota que la batalla entre el entendimiento psicológico y el entendimiento biológico de la persona se ha venido luchando desde mediados de los años 1800s. Ver "Biological Psychiatry" ["Psiquiatría biológica"], *The Journal of Biblical Counseling* [*La Revista de Consejería Bíblica*] 17, no. 3 (1999): 2-8. También ver Alan V. Horwitz, *Creating Mental Illness* [*Creando la enfermedad mental*] (Chicago: University of Chicago Press, 2002).

2 Mitchell Wilson, "DSM-III and the Transformation of American Psychiatry: A History" ["El *DSM-III* y la transformación de la psiquiatría estadounidense: una historia"] *American Journal of Psychiatry* [*Revista estadounidense de psiquiatría*] 150, no. 3 (1993): 400.

3 Ver Horwitz, *Creating Mental Illness* [*Creando la enfermedad mental*], 38-55.

4 Un ejemplo particularmente atroz de esta falla de confiabilidad y validez fue reportado por Charles Rosenhan, "On Being Sane in Insane Places" ["Sobre ser cuerdo en lugares de locura"], *Science* [*Ciencia*] 179 (1973): 250-258.

5 *DSM-5*, 25.

6 Arthur C. Houks, "Discovery, Invention, and the Expansion of the Modern Diagnostic and Statistical Manuals of Mental Disorders" ["Descubrimiento, invención y la expansión de

los manuales diagnósticos y estadísticos modernos de trastornos mentales"] en Larry E. Beutler and Mary L. Malik, eds., *Rethinking the DSM: A Psychological Perspective* [*Reconsiderando el DSM: una perspectiva psicológica*] (Washington, DC: American Psychological Association, 2002), 18.

7 Para más detalles, incluyendo la distinción entre confiabilidad y validez, ver Martyn Shuttleworth, "Definition and Reliability" ["Definición y confiabilidad"], http://explorable.com/definition-of-reliability.

8 *DSM-5*, 6 (énfasis mío).

9 *DSM-5*, 13.

4. DESCRIPCIONES, NO EXPLICACIONES

1 Ver Edward T. Welch, *¿Es el cerebro culpable? Cómo distinguir los desequilibrios químicos, los trastornos cerebrales y la desobediencia* (España: Editorial Peregrino, 2013).

2 *DSM-5*, 202-203.

3 John M. Grohol, "Did the NIMH Withdraw Support for the DSM? No ["¿Retiró el NIMH apoyo al DSM? No"], https://psychcentral.com/blog/did-the-nimh-withdraw-support-for-the-dsm-5-no/.

4 Ibid.

5 *Ebony*, Diciembre 2003, 41.

6 Una notable excepción en el *DSM-5* es la incorporación de diagnósticos individuales como el trastorno de Asperger, trastorno desintegrativo de la infancia y otros en la categoría de diagnóstico de "trastorno del espectro autista". Aquí hay un claro ejemplo de investigación y observación científica que modifica la clasificación psiquiátrica.

7 Paul R. McHugh, "Striving for Coherence: Psychiatry's Efforts Over Classification" ["Luchando por la coherencia:

los esfuerzos de la psiquiatría por la clasificación"] *JAMA* 293, no. 20, (2005): 25-26.

5. HACIENDO ANÓMALO LO NORMAL

1 Estoy tomando prestada la línea "Si tú lo construyes, ellos vendrán" de la película "Field of Dreams" [El campo de los sueños] (Universal Pictures, 1989). Es complicado discernir estadísticamente la diferencia entre diagnosticar excesivamente (hacer un diagnóstico positivo cuando el trastorno no está presente, lo cual lleva a un incremento en la observación de la frecuencia de la condición) y un verdadero incremento en la incidencia de enfermedades mentales. Para un resumen útil véase Ronald W. Pies, "Is There Really an 'Epidemic' of Psychiatric Illness in the US?" ["¿Existe realmente una 'epidemia' de enfermedades psiquiátricas en los Estados Unidos?"] Psychiatric Times, May 1, 2012, https://www.psychiatrictimes.com/couch-crisis/there-really-epidemic-psychiatric-illness-us

2 Allen Frances, *Saving Normal: An Insider's Revolt Against Out-of-Control Psychiatric Diagnosis, DSM-5, Big Pharma, and the Medicalization of Ordinary Life* [*Salvando lo normal: La rebelión de un infiltrado contra el diagnóstico psiquiátrico fuera de control, el DSM-5, las grandes farmacéuticas y la medicalización de la vida cotidiana*] (New York: William Morrow, 2013). Para una consideración más ampliamente investigada de la proliferación de los trastornos mentales y los diagnósticos excesivos véase Horwitz, *Creating Mental Illness* [*Creando la enfermedad mental*]. Véase también Allan V. Horwitz y Jerome C. Wakefield, *The Loss of Sadness: How Psychiatry Transformed Normal Sorrow into Depressive Disorder* [*La pérdida de la tristeza: cómo la*

psiquiatría transformó el dolor normal en trastorno depresivo] (New York: Cxford University Press, 2007).

3 *Saving Normal*, 18-19.

4 *Listening to Prozac*, 15.

5 Para un análisis más detallado de esta tendencia véase Julie Donohue, "A History of Drug Advertising: The Evolving Roles of Consumers and Consumer Protection" ["Una historia de la propaganda de fármacos: Los roles en evolución de los consumidores y la protección al consumidor"] *Milbank Quarterly* 84, no. 4 (2006): 659-699, doi:10.1111/j.1468-0009.2006.00464.x

6. REDEFINIENDO EL COMPORTAMIENTO

1 http://articles.philly.com/1994-07-14/news/25845173_1_warren-graboyes-orthodontist-sexual-disorder. El criterio de diagnóstico puede encontrarse en el *DSM-5*, p. 691.

2 J. M. Burns y R. H. Swerdlow, "Right Orbitofrontal Tumor with Pedophilia Symptom and Constructional Apraxia Sign" ["Tumor orbitofrontal derecho con síntoma de pedofilia y signo de apraxia constructiva"], *Archives of Neurology* 60, no. 3 (2003): 437-40.

7. LA INFLUENCIA DE LA CULTURA

1 Ponencia impartida al personal de consejería de CCEF, 14 de mayo de 2013.

2 Esto no quiere decir que no existan factores físicos o cerebrales que puedan contribuir a la atracción al mismo sexo, particularmente para quienes experimentan una atracción exclusiva hacia el mismo sexo desde sus recuerdos más tempranos. Esto tampoco minimiza la angustia mental y la

persecución que quienes luchan con la atracción al mismo sexo pueden padecer.

3 Laura D. Hirshbein, *American Melancholy: Constructions of Depression in the 20th Century* [*Melancolía Estadounidense: Construcciones de la depresión en el siglo 20*] (New Brunswick: Rutgers University Press, 2009), 5.

4 Véase Nicholas Carr, *The Shallows: What the Internet Is Doing to Our Brains* [*Superficiales: Qué está haciendo Internet con nuestras mentes*] (New York: WW Norton & Company, 2011).

5 Marilyn Wedge, "Why French Kids Don't Have ADHD" ["Por qué los niños franceses no tienen TDAH"], https://www.psychologytoday.com/us/blog/suffer-the-children/201203/why-french-kids-dont-have-adhd.

6 *DSM-5*, 61-62. Al mismo tiempo, es importante notar que los pensamientos, las emociones y las respuestas desordenadas a los factores estresantes característicos de muchas enfermedades mentales, así designadas por el *DSM-5*, son fenómenos transculturales perdurables que anteceden al sistema de clasificación moderno. Algunos patrones de disturbios mentales son bastante estables a través de las culturas, mostrando que tal sufrimiento es un problema universal. No obstante, deberíamos reconocer influencias socio-culturales en el entendimiento y la clasificación de muchos problemas psiquiátricos actuales.

8. IMPLICACIONES PARA EL MINISTERIO

1 Para obtener muchas sugerencias útiles para el ministerio que complementen esas ideas, véase Edward T. Welch, "Ten Ways Ordinary People Can Help Those with Psychiatric Problems" ["Diez maneras en que personas comunes pueden

ayudar a aquellos con problemas psiquiátricos"], *The Journal of Biblical Counseling* 28, no. 2 (2014): 22-38.

2 Para más detalles, véase Emlet, "Understanding the Influences on the Human Heart" ["Comprendiendo las influencias en el corazón humano"].

3 En este sentido, la relación entre los diagnósticos psiquiátricos y el conocer los detalles de la vida de una persona es paralela a la relación entre la teología sistemática y las Escrituras. Las categorías de teología sistemática son resúmenes útiles y formulaciones abreviadas de las Escrituras, pero no son sustitutos para profundizar en los detalles de la Biblia misma.

4 *The Gift of Therapy: An Open Letter to a New Generation of Therapists and Their Patients* [*El don de la terapia: Carta abierta a una nueva generación de terapeutas y a sus pacientes*] (New York: Harper Perennial, 2009), 5.

9. EL VALOR DE LOS DIAGNÓSTICOS PSIQUIÁTRICOS EN EL MINISTERIO

1 David A. Clark, *Cognitive-Behavior Therapy for OCD* [*Terapia cognitiva-conductual para el TOC*] (New York: The Guilford Press, 2003), 112.

2 https://www.nih.gov/news-events/nih-research-matters/common-genetic-factors-found-5-mental-disorders

3 Y todo se hace más complejo cuando te das cuenta de que todos estos varios factores están involucrados en una relación de respuesta compleja que involucra el cerebro humano.

10. CONCLUSIÓN: ¿QUÉ HAY EN UN NOMBRE?

1 Citado en Frances, 26.

PARTE II. ENTENDIENDO LOS MEDICAMENTOS PSICOACTIVOS

1 Véase Peter D. Kramer, Listening to Prozac [Escuchando a Prozac] (New Yor: Penguin Books, 1993).

11. CLASES DE MEDICAMENTOS PSICOACTIVOS

1 Un recurso útil y bastante completo (y compacto) es la "Quick Reference Guide to Psychotropic Medication" ["Guía rápida de referencia para los medicamentos psicotrópicos"], que se puede hallar en www.PsyD-fx.com.

2 Véase J. A. Lieberman, et al., "Effectiveness of Antipsicotic drugs in Patients with Chronic Schizophrenia" ["La efectividad de fármacos antisicóticos en pacientes con esquizofrenia crónica] *New England Journal of Medicine*, 353, No. 12 (2005): 1209-23.

12. ¿TRATAN LOS MEDICAMENTOS UN "DESEQUILIBRO QUÍMICO"?

1 Stephen M. Stahl, *Essential Psychopharmacology: Neuroscientific Basis and Practical Applications*, 2nd ed. [*Psicofarmacología esencial: Bases neurocientíficas y aplicaciones clínicas*, 2da ed.] (Cambridge: Cambridge University Press, 2000), 104. Aunque esto fue escrito hace más de quince años, continúa siendo esencialmente verdad... y al mismo tiempo, simplista en sí mismo. ¿Por qué? Porque es improbable que se descubra *un* mecanismo neurofisiológico *primario* para una entidad psiquiátrica de diagnóstico dada. Una excepción actual puede ser el uso intranasal experimental de Orexin-A para el diagnóstico de "narcolepsia" del *DSM*, el cual trata directamente una deficiencia de orexina (hipocretina) en el cerebro. Véase Alberto K. De la Herrán-Arita, et al. "Narcolepsy and Orexins: An Example of Progress in Sleep

Research" ["Narcolepsia y orexinas: Un ejemplo de progreso en la investigación del sueño"], *Frontiers in Neurology*, April 18, 2011. http://doi.org/10.3389/fneur.2011.00026. Véase también Chittaranjan Andrade y Sanjay Kumar Rao, "How Anti-depressant Drugs Act: A Primer on Neuroplasticity as the Eventual Mediator of Antidepressant Efficacy" ["Cómo actúan los antidepresivos: Una introducción a la neuroplasticidad como eventual mediador de la eficacia antidepresiva"], *Indian Journal of Psychiatry* 52, no. 4 (2010): 378-386. http://www.indianjpsychiatry.org/text.asp?2010/52/4/378/74318.

2 *Physician's Desk Reference*, 59th edition [*Referencia de escritorio del médico*, edición no. 59] (Montvale: Thomson PDR, 2005), 2681.

3 Como vimos en la primera parte, el continuo desacuerdo dentro de la misma psiquiatría en torno a cómo entender y clasificar los trastornos psiquiátricos muestra la insuficiencia de una orientación meramente biológica hacia la causa y tratamiento de síntomas psiquiátricos.

13. ¿CUÁN EFECTIVOS SON LOS MEDICAMENTOS PSICOACTIVOS?

1 Un meta-análisis (combinación de resultados) de estudios individuales mostró que "la magnitud del beneficio de los medicamentos antidepresivos en comparación con el placebo incrementa con la severidad de los síntomas de la depresión y puede ser mínima o inexistente, en promedio en pacientes con síntomas leves o moderados. Para pacientes con depresión muy severa, el beneficio de los medicamentos en comparación con el placebo es considerable". Jay C. Fournier, Robert J. DeRubeis, and Steven D. Hollon, "Antidepressant Drug

Effects and Depression Severity: A Patient-Level Meta-analysis" ["Efectos de los fármacos antidepresivos y gravedad de la depresión: Un meta-análisis a nivel del paciente"] *JAMA* 303, no. 1 (2010): 47-53. (Es importante notar que existen ventajas y desventajas en sacar conclusiones de meta-análisis en comparación con los estudios originales individuales, pero tratar ese tema sobrepasa el alcance de este recurso).

2 Técnicamente, el efecto placebo no está relacionado solamente con la expectativa/creencia, sino con todos esos factores, tangibles e intangibles, que puedan estar teniendo un efecto terapéutico que no esté relacionado con el ingrediente activo.

3 Si yo *sé* que estoy recibiendo un placebo —un sustituto inactivo— será menos probable que responda favorablemente a él; el efecto placebo disminuye. Si yo sé que estoy recibiendo el fármaco activo, será más probable que funcione; o sea que el efecto placebo (incluso para el fármaco activo) aumente. "Dejar ciegos" a los participantes del estudio busca evitar ese sesgo. Por supuesto, si yo estoy experimentando efectos secundarios porque estoy tomando el fármaco activo, puedo concluir que estoy tomando el medicamento que se está estudiando, lo cual también influencia los resultados en favor del fármaco.

4 Algunos, como Irving Kirsch, argumentan que la mayoría, si no todas, las respuestas favorables al fármaco son un efecto placebo potenciado o intensificado. (Véase Kirsch, *The Emperor's New Drugs: Exploding the Antidepressant Myth* [*Los nuevos fármacos del emperador: Explotando el mito antidepresivo*] [New York: Basic Books, 2010]). Para una refutación, véase Peter Kramer, *Ordinarily Well: The Case for Antidepressants* [*Usualmente bien: Una defensa de los antidepresivos*] (New York: Farrar, Straus, and Giroux,

2016). Véase también Frederic M. Quitkin, et al., "Validity of Clinical Trials of Antidepressants" ["Validez de los ensayos clínicos de antidepresivos"], *American Journal of Psychiatry* 157, no. 3 (2000): 327-337.

5 Existe un debate sobre exactamente cuán efectivas son estas pruebas de laboratorio en proveer orientación para el cuidado de los pacientes. Para un enfoque más cauteloso, véase J. de Leon, "The Future (or Lack of Future) of Personalized Prescription in Psychiatry" ["El futuro (o falta de futuro) de la prescripción personalizada en la psiquiatría"], *Pharmacological Research* 59, no. 2 (2009): 81-89, doi: 10.1016/j.phrs.2008.10.002.

6 R. J. DeRubeis, et al., "Cognitive Therapy Vs. Medications in the Treatment of Moderate to Severe Depression" ["Terapia cognitiva vs medicamentos en el tratamiento de la depresión moderada a severa"], *Archives of General Psychiatry* 62 (2005): 409-416.

7 S. D. Hollon, et al., "Prevention of Relapse Following Cognitive Therapy Versus Medication in Moderate to Severe Depression" ["Prevención de recaídas después de la terapia cognitiva versus medicación en la depresión moderada a severa"], *Archives of General Psychiatry* 62 (2005): 417-422. Véase también Robert J. DeRubeis, Greg J. Siegle, and Steven D. Hollon, "Cognitive Therapy Versus Medications for Depression: Treatment Outcomes and Neural Mechanisms" ["Terapia cognitiva versus medicamentos para la depresión: Resultados del tratamiento y mecanismos neuronales"], *Nature Reviews Neuroscience* 10 (2008): 788-796, doi: 10.1038/nrn2345.

8 S. M. De Maat, et al, "Relative Efficacy of Psychotherapy and Combined Therapy in the Treatment of Depression:

A Meta-analysis" ["Eficacia relativa de la psicoterapia y la terapia combinada en el tratamiento de la depresión: un meta-análisis"], *European Psychiatry* 22, no. 1 (2007): 1-8; Pim Cuijpers, et al., "Adding Psychotherapy to an Antidepressant in Depression and Anxiety Disorders: A Meta-analysis" ["Adición de psicoterapia a un antidepresivo en los trastornos de depresión y ansiedad: Un meta-análisis"], *World Psychiatry* 13, no. 1 (2014): 56-67, doi: 10.1002/wps.20089.

9 Lucy Maddox, "What is CBT for Psychosis Anyway?" ["¿Qué es, después de todo, la TCC para la psicosis?"], *The Guardian* Tuesday May 20, 2014, https://www.theguardian.com/science/sifting-the-evidence/2014/may/20/cbt-psychosis-cognitive-behavioural-therapy-voices?CMP=share_btn_link. Véase también E. Kuipers, et al., "London-East Anglia Randomised Controlled Trial of Cognitive-Behavioural Therapy for Psychosis. I: Effects of the Treatment Phase" ["Ensayo controlado aleatorio Londres- Anglia Oriental de la terapia cognitivo-conductual para la psicosis. I: Efectos de la fase de tratamiento"], *British Journal of Psychiatry* 171, no. 4 (1997): 319-327.

10 John M. Kane, et al., "Comprehensive Versus Usual Community Care for First Episode Psychosis: 2-Year Outcomes from the NIMH RAISE Early Treatment Program" ["Atención comunitaria integral versus atención comunitaria habitual para el primer episodio de psicosis: resultados a 2 años del programa de tratamiento temprano del Instituto Nacional de Salud Mental llamado Recuperación después de un episodio inicial de esquizofrenia o RAISE"] *American Journal of Psychiatry* 173, no. 4, (2016): 362-372.

11 DeRubeis, et al., "Cognitive Therapy Versus Medications for Depression" ["Terapia cognitiva versus medicamentos para la depresión"], 788-796.

12 Para un entendimiento secular orientado al laicado véase Louis Cozolino, *Why Therapy Works: Using Our Minds to Change Our Brains* [*Por qué funciona la terapia: Usando nuestras mentes para cambiar nuestros cerebros*] (New York: W. W. Norton & Company, 2016).

13 La relación entre la teoría/práctica psicológica secular y la fe cristiana es compleja. Algunos recursos útiles incluyen la obra de David Powlison, *Seeing with New Eyes: Counseling and the Human Condition Through the Lens of Scripture* [*Viendo con nuevos ojos: La consejería y la condición humana a través de los lentes de las Escrituras*] (Phillipsburg, NJ: P & R, 2003) y la obra de Eric L. Johnson y Stanton L. Jones, eds. *Psicología y fe cristiana: cuatro puntos de vista* (Barcelona, España: Publicaciones Andamio, 2009).

14. CAMINANDO SOBRE LA CUERDA FLOJA DE LA SABIDURÍA

1 Creo que escuché por primera vez esta idea durante mi clase de poesía bíblica en el Westminster Theological Seminary a finales de la década de 1990, enseñada por Peter Enns.

15. ALIVIANDO Y REDIMIENTO EL SUFRIMIENTO

1 Jeremiah Burroughs, *The Rare Jewel of Christian Contentment* [*El contentamiento cristiano, una joya rara*] (Carlisle: The Banner of Truth Trust, 1964), 22.

2 Otros pasajes incluyen Romanos 8:16-25; 2 Corintios 4; Santiago 1:2-4.

3 Richard B. Gaffin, Jr., "The Usefulness of the Cross" ["El provecho de la cruz"] *Westminster Theological Journal* 41, no. 2 (1979): 229-246.

19. LOS MEDICAMENTOS Y EL CORAZÓN, PARA BIEN Y PARA MAL

1 Para un estudio extenso sobre la antropología bíblica, véase la obra de John Cooper, Body, Soul, and Life Everlasting: Biblical Anthropology and the Monism-Dualism Debate [Cuerpo, alma y la vida eternal: Una antropología bíblica y el debate sobre el monismo-dualismo] (Grand Rapids: Eerdmans, 2000). Para un resumen más breve, véase la obra de Welch, ¿Es el cerebro el culpable? (Editorial Peregrino, 2013) y el artículo de Emlet, "Understanding the Influences on the Human Heart" ["Entendiendo las influencias sobre el corazón humano"].

2 Carolina V. Sandell Berg, "Día en día", Himno #364, Himnario Bautista (El Paso, Texas: Casa Bautista de Publicaciones, 1978).

20. PONIÉNDOLO TODO JUNTO

1 Para ver varios ejemplos de cómo los problemas médicos pueden asociarse con los síntomas del trastorno mental, véase la obra de James Morrison, *When Psychological Problems Mask Medical Disorders: A Guide for Psychotherapists*, 2nd ed. [*Cuando los problemas psicológicos enmascaran los trastornos médicos: Una guía para psicoterapeutas*, 2da ed.] (Nueva York: Guilford Press, 2015).

2 La evaluación del suicidio es una habilidad aprendida y debe incluir el aporte de consejeros sabios y experimentados. El objetivo con una persona seriamente suicida es garantizar la seguridad y la estabilización, lo que puede requerir consultas psiquiátricas de emergencia y hospitalización. Para más detalles véase el artículo de Aaron Sironi y Michael R. Emlet, "Evaluating a Person with Suicidal Desires" ["Evaluando a

una persona con deseos suicidas"] *The Journal of Biblical Counseling* 20, no. 2 (2012): 33-41. También véase la obra de S. C. Shea, *The Practical Art of Suicide Assessment: A Guide for Mental Health Professionals and Abuse Sustance Counselors* [*El arte práctico de la evaluación del suicidio: Una guía para profesionales de la salud mental y consejeros de personas con abuso de sustancias*] (Hoboken, NJ: John Wiley & Sons, 2002).

ÍNDICE DE LAS ESCRITURAS